율곡의 공부

아홉 번 수석 합격의 비밀

율곡의 공부

송석구 · 김장경 지음

아템포

공부에 노력할 때는
느리지도 급하지도 않게 하라.
공부는 죽은 후에나 끝나는 것이니
급하게 그 효과를 구하지 말라.
이것 역시 이익을 구하는 마음이다.
만약 이와 같지 아니하면
물려받은 신체를 욕되게 함이니
사람의 도리를 다하는 것이 아니다.

– 율곡 이이, 〈자경문自警文〉 중에서

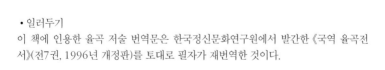

• 일러두기
이 책에 인용한 율곡 저술 번역문은 한국정신문화연구원에서 발간한 《국역 율곡전서》(전7권, 1996년 개정판)를 토대로 필자가 재번역한 것이다.

일등 하는 기질은
어떻게 만들어지는가

우리나라가 굴뚝 산업을 중심으로 한 산업화 시대를 지나 지식 정보화 사회로 변해가면서 현대인들은 학교라는 울타리를 뛰어넘어 다양한 시험에 늘 노출되는 형편에 놓이게 되었다. 결국 평생 공부를 지속해야 하는 입장이 된 것이다.

그런데 안타깝게도 학생들이나 학교를 졸업하고 각종 시험을 준비하는 사람들을 보면, 공부에 대한 기본을 모르는 채 주먹구구식으로 달려드는 경우가 허다하다. 아직도 공부가 다른 사람을 통해 수동적으로 배우는 것이고 학교나 학원 같은 특정한 공간, 정해진 시기에만 하는 것이라는 그릇된 생각을 가진 사람이 많다는 이야기다.

우리가 분명히 알아야 할 것은 지금은 '평생 공부'를 해야만 하는 시대라는 것이다. 따라서 일상적으로 공부하는 습관과 체질을 갖추는 것이 무엇보다 중요하다. 특정 시험을 앞둔 학생, 고득점을 목표로 하는 수험생은 두말할 나위 없다.

예전에 《이기는 습관》이 베스트셀러에 올랐던 적이 있다. 삼성전자에서 마케팅 팀장을 역임하고 성균관대학교에서 경영학 박사를 취득한 저자가 직접 겪은 경험을 바탕으로 비즈니스라는 살벌한 전장에서 살아남는 것을 넘어 승리하는 방법을 정리한 책이다.

이 책은 사회에서 성공하고 자기가 맡은 분야에서 최고가 되기 위해 반드시 갖추어야 할 태도, 습관, 자질들을 현장 경험을 바탕으로 전달해 많은 독자로부터 좋은 반응을 얻었다.

그런데 공부하는 것도 사회적 성공과 마찬가지로 습관과 자질의 문제다. 즉 공부에도 체질이 있다는 말이다. 일반적으로 보면 학창 시절에 성적이 좋았던 사람이 성인이 되어 치르는 시험 성적도 좋다. 이는 이 사람들이 어린 시절 좋은 가정 교육을 받았든 후천적으로 피나는 노력을 쏟았든 간에 어쨌든 자신을 공부 잘하는 기질, 시험 잘 보는 기질로, 소위 '시험 체질, 공부 체질'로 만들어 놓았기 때문이다.

율곡 이이는 조선 시대 대학자이자 정치인이다. 지폐에도 등장하는 우리나라를 대표하는 위인을 모르는 사람은 거의 없을 것이다. 어머니 신사임당도 조선을 대표하는 여성으로 비단 자식인 율곡이 아니더라도 한 사람의 예술가이자 교육자로서 시대를 거슬러 존경받고 있다.

율곡이 공부를 잘했다는 것은 누구나 짐작하겠지만, 조선 시대 500년을 통틀어 한 개인으로 장원급제를 가장 많이 한 '시험의 달인', 아니 '수석 합격의 달인'이었다는 사실을 아는 사람은 많지 않다. 율곡은 무려 아홉 번에 걸쳐 장원급제를 했는데, 29세에 마지막 아홉 번째 장원을 한 후 말을 타고 거리를 나서자 일반 백성은 물론이고 어린아이들까지 나와 율곡을 우러러보며, '구도장원공(九度壯元公)'이라 칭송했다.

율곡이 장원급제를 한 시험은 진사시 초시(初試), 한성시, 별시의 초시 및 복시(覆試), 사마시(생원시, 진사시), 대과의 초시, 복시, 전시(殿試, 문무과 복시에 합격한 60여 명에 대하여 왕이 친히 참석하여 보던 시험)다. 이를 오늘날의 상황과 비교해본다면 대학수학능력시험을 수석으로 합격해서 대학교를 수석으로 졸업하고, 사법고시, 외무고시, 행정고시를 모두 수석 합격하고 연수원까지 수석으로 졸업한 셈이다.

2014년에 종영한 모 TV 프로그램에서 서울대학교 의대를 졸업한 어느 방송인을 한 패널이 추켜세우며 말했다. "저분이 보통 분이 아니에요. 당시 서울대 의대면 전국 500등 안에서 놀았을 거예요." 그러자 그 방송인이 웃으면서 "사실은 100등 안에서 놀았지요" 하며 주위를 놀라게 한 적이 있다. 그런 그에게는 독특한 스트레스 해소법이 있었는데, 정신적으로 힘든 일이 생기면 삼각함수나 미적분 같은 수학 문제를 푼다는 것이다.

이런 일화를 통해서도 알 수 있듯이 책을 읽거나 머리를 쓰고 공부하는 것은 일종의 습관이다. 큰돈을 들여 유명 과외 선생님을 붙이거나 값비싼 사교육을 시켜 학생을 억지로 상위권에 올려놓을 수는 있다. 하지만 상위 0.1퍼센트 안의 최상위자권들은 스스로 공부하는 습관이 몸에 밴, 그야말로 공부하는 체질들이다. 평생 한 번 하기도 힘들다는 장원급제를 9회에 걸쳐 한 율곡도 마찬가지였다.

율곡은 시험과 공부의 달인이었던 만큼 교육과 공부에 대해서도 시대를 넘어 통용될 만한 많은 글을 남겼다. 어린아이들을 위해 《소아수지(小兒須知)》를 남긴 것부터 시작해 초학자들을 위해 저술한 유명한 《격몽요결(擊蒙要訣)》은 물론 경연장에서 임금을 가르치는 것도 부족해 《성학집요(聖學輯要)》라는 황제학, 곧 제왕의 공부법까지 꼼꼼하게 글로 남겼다.

율곡이 실천하고 가르친 공부법은 그 저술만큼이나 다양하고 풍성하지만, 굳이 한 문장으로 요약해보라고 누가 필자에게 묻는다면 단 세 글자로 율곡이 그토록 강조한 '교기질(矯氣質, 기질을 바로 잡음)'이라 답하겠다. 이외에도 다룰 내용이 많아 '교기질' 하나만을 두고 대표 방법이라 언급하기는 어렵지만, 교기질이 율곡의 모든 공부법을 아우르는 연결 고리로 중핵에 해당하는 키워드인 것은 사실이다. 교기질을 현대 언어로 풀이하면, '공부 잘하는 기질이 있고 누구나 그 기질로 바뀔 수 있다'는 것이다.

이 책은 율곡이 전 생애를 통해서 실제로 실행했고, 어린아이부터 왕에 이르기까지 사람들을 가르친 공부 노하우에 대해 율곡이 쓴 저작물과 다양한 일화를 바탕으로 살펴보고 있다. 이 책이 시험

성적을 올리고 싶은 수험생은 물론 평생 공부의 압박을 받고 있는 일반 독자들에게도 많은 도움이 될 것이라고 믿는다. 율곡의 '공부하는 기질로 바꾸는 장원급제 공부법'은 탁월한 학문적 성과를 낼 수 있도록 돕는 실제적인 방법론인 동시에 성인(聖人)을 목표로 평생 자신의 몸과 마음을 다스리는 수양론이기 때문이다.

독자들이 이 책을 소설처럼 편안하게 읽으면서 평생 활용할 수 있는 공부의 기초 체력을 기르고 덤으로 율곡의 생애와 철학에 대해서도 음미해볼 수 있기를 진심으로 희망한다.

지어지선 止 於 至 善 공부법
: 깊은 공부는 선한 마음과 함께한다 182
진리는 선한 마음과 어울린다 | 선한 마음을 방향키로 잡아라 | 공부의 결과물,
사회적 성공까지 생각하라 | 율곡의 생애, 율곡의 공부법

/1부/

방황에서 입지까지,
열아홉 살
율곡 이야기

어린 시절과
어머니 신사임당

율곡 이이는 중종 31년 1536년 음력 12월 26일 정미일 인시(寅時)에 강릉부 북평촌(오늘날 강원도 강릉시)에서 태어났다. 경포대에서 서쪽으로 조금 걸어가면 북평이라는 마을이 나오고 그곳에 오죽헌(烏竹軒)이라는 집이 있는데, 어머니 신사임당(申師任堂)이 태어난 그곳에서 율곡도 출생했다.

사임당 신씨가 꾼 태몽은 이런 것이다. 동해에 갔더니 어떤 신녀가 어린 남자아이를 안고 있는 모습이 눈에 띄었다. 아이 살결이 눈처럼 깨끗하고 몸에서 빛이 났다. 그 아이를 사임당에게 전해주는 꿈을 꾸고 일어났는데 얼마 지나지 않아 임신하였다. 율곡이 태어나기 전날에도 꿈을 꾸었는데, 검은 용이 바다에서 침실로 날아와 방 앞에 우두커니 앉아 있었다. 그래서 그 방을 '몽룡실(夢龍室)'

이라 부르고, 율곡의 아명(兒名)도 용이 현신했다는 뜻으로 '현룡(見龍)'이라 지었다.

율곡은 유명 스승이 아니라 어머니 신사임당에게서 수학(受學)하였는데 어려서부터 총명해 지식을 흡수하는 속도가 남달랐다. 하루는 외할머니 용인 이씨가 석류를 가져와서 "이것이 무엇과 같으냐"고 물어보았다. 그러자 3~4세에 불과한, 막 글을 깨친 율곡은 "은행은 벽옥(碧玉, 푸른 옥)을 품었고, 석류는 껍질 속에 홍주(紅珠, 붉은 구슬)를 싸고 있습니다"라고 대답했다.

또 하루는 《사략(史略)》을 배우는데 '제위왕초불치제후개래벌(齊威王初不治諸侯皆來伐)'이라는 문장을 접하게 되었다. 이 문장을 제대로 이해하려면 '제위왕초불치, 제후개래벌'처럼 끊어 읽어야 한다. 제나라 위왕이 초기에 통치를 잘못하여 제후들이 들고일어나 징계하였다는 뜻이다.

그런데 당시 《사략》을 풀이해주던 어른이 실수로 '제위왕초불치제후, 개래벌'이라 하여 '제후' 다음에 표점을 찍었다. 율곡은 풀이하는 과정을 지켜보다, 이리되면 제나라 위왕이 제후를 잘못 다스렸다는 표현이 되므로 맞지 않다고 하면서 "'개'자가 '제후' 밑에 있으니, 문장의 기세로 보면 마땅히 '불치' 아래서 구두를 떼어야 합니다"라고 한 것이다. 이 이야기를 전해 들은 이들은 어린 율곡의 남다른 식견에 감탄했다고 한다.

7세에는 〈진복창전〉[1]이라는 글을 지어 이웃 사람이 저지른 잘못을 경계했고, 8세에는 화석정[2]에 올라 시를 지었다.

숲 속 정자에 가을은 이미 저물고

나그네 상념은 끝이 없도다

멀리 흐르는 물은 하늘까지 이어졌고

서리 맞은 단풍은 태양을 향해 붉었구나

산은 외로운 둥근 달을 토하고

강은 만 리 바람을 머금었네

변방의 기러기는 어디로 가느냐

저무는 구름 속에 울음소리 사라지네

율곡의 총명함은 이처럼 남다른 데가 있었는데, 타고난 영민함과 학문을 좋아하는 성품 탓이기도 했겠지만, 뛰어난 교육자였던 어머니 신사임당의 가르침 덕분이기도 했다.

그렇다면 율곡을 이렇게 가르친 신사임당은 어떤 사람인가? 신사임당은 1504년 강릉 북평에서 태어났고 이름은 신인선(申仁善)이다. 사임당(師任堂)이라는 호는 고대 중국 주나라 문왕의 어머니인 태임(太任) 부인을 본받는다는 뜻으로 스스로 지어 부모에게 허락을 받은 것이다.

사임당의 아버지는 신명화(申命和)로 고려 태조대 충신이었던 신숭겸(申崇謙, 고려 초 무장)의 18대손이었고, 어머니는 용인 이씨로 외조부 때부터 강릉 북평에서 터를 잡고 살았다. 두 사람 사이에는 딸만 다섯 있었는데, 그중 둘째였던 인선이 인물이나 재주가 가장 뛰어났고 성품도 선량하였다. 그래서 결혼한 후에도 도저히 떠나보낼 수가 없어 사위 이원수(李元秀)에게 외가에서 함께 살게 해 달라고 부탁할 정도였다.

"내가 딸을 여럿 두었지만, 네 처만은 내 곁에서 떠나게 할 수 없다"고 하였으니 사임당에 대한 양친의 애착이 어느 정도였는지 짐작할 수 있다.

사임당은 7세 때부터 진경산수(眞景山水)로 유명했던 조선 최고의 화가 안견(安堅)의 작품을 보면서 그림을 연습했고, 당시 여성이라는 신분적 한계에도 불구하고 부모로부터 총애를 받으며 유학과 한문학을 배웠다. 19세에 덕수 이씨 이원수에게 출가하여, 21세에 첫째 이선을 낳고 33세에 삼남 율곡을 낳았다.

신사임당이 지닌 지혜와 재주를 보여주는 널리 알려진 일화가 있다. 사임당이 강릉에 있을 때 일이다. 어떤 집에 잔치가 있어 부인들이 모여서 즐겁게 놀고 있었다. 그때 젊은 색시가 주방을 드나들다 입고 있던 다홍치마에 음식물이 튀어 오물이 묻고 말았다. 그 색시는 집안이 가난하여 친구 옷을 빌려 온 것이어서 걱정이 이만저만이 아니었다.

그 모습을 지켜본 사임당이 그 치마를 가져다 달라고 하더니, 즉석에서 먹을 갈아 치마폭 위에 포도를 그려주었다. 새색시는 그 그림을 팔아 비단 치맛감을 샀는데, 임자에게 새 옷감을 돌려주고도 몇 감이 더 남았다고 한다.

《율곡전서》를 보면, 신사임당은 성품이 차분하고 강직하였으며, 글에 능하고, 그림에도 소질이 있었다. 규범을 엄하게 지켰으니 언제나 여성이 지켜야 할 규칙으로 몸을 단속하였다.

사임당 자신이 어려서부터 아버지에게서 《소학(小學)》, 《열녀전(列女傳)》, 《여범(女範)》, 《시경(詩經)》 등의 유학을 배웠던 터라 율곡에게도 어린 시절부터 말을 배움과 동시에 글을 깨치고, 유교 경전을 통해서 도학 공부를 하게 하였다.

율곡이 어렸을 적에는 밤낮으로 유교 경전을 읽어주면서 자연스럽게 학문을 익히도록 유도하였고, 《소학》에 근거하여 일용사에서 선비가 가져야 할 몸가짐을 가르쳤다. 또한 선비로서 입지(立志)하고 출세하는 도리에 대해서 공맹의 가르침에 의거하여 세심하게 지도하였으니 율곡이 행실의 그릇됨 없이 큰 뜻을 품고 자랄 수 있도록 한 것이다.

당시 아이들은 서당이나 가학(家學)을 통해서 공부했는데, 이는 곧 어떤 부모를 만나느냐가 어떤 스승을 만나느냐를 결정지었다고 볼 수 있다. 그런 면에서 율곡은 최고의 스승을 만난 셈이었다.

---

1 〈진복창전(陳復昌傳)〉: 진복창은 율곡 이웃에 살았던 사람이다. 〈진복창전〉의 줄거리는 이렇다. 군자는 마음속에 덕을 쌓은 덕분에 마음이 항상 편안하고, 소인은 욕심을 쌓은 탓에 늘 마음이 불안하다. 진복창이라는 사람이 지닌 인품을 보니, 겉으로는 태연자약하나 속으로는 늘 불만을 품었으니 저 사람이 뜻을 얻는다면 나중에 닥칠 화를 어찌 감당할 수 있겠는가. 실제로 진복창은 나중에 사화를 일으켰다.

2 화석정(花石亭): 경기도 유형문화재 제61호. 오늘날 경기도 파주시 파평면 율곡리 임

진강변에 위치한 조선 시대 정자로 율곡이 시를 짓고 연구와 묵상을 하던 곳으로 알려져 있다. 율곡의 학문에 매료된 중국의 칙사 황홍헌이 이 화석정을 찾아와 시를 읊었다는 이야기가 있다. 전해지는 이야기에 따르면 선조가 임진왜란 때 의주로 피난을 가던 중 한밤중에 강을 건널 때 불빛이 없어서 곤란을 겪던 차에, 이항복이 내린 지시로 화석정을 불태워서 안전하게 도강할 수 있었다고 한다.

온화하고 다재다능했던 어머니 신사임당과 보낸 행복한 어린 시절은 불행히도 그리 오래가지 못했다. 사임당은 아버지 신명화가 별세하고 38세가 되던 해, 강릉에 계신 홀어머니 용인 이씨와 작별하고 자녀들과 함께 시가(媤家)가 있는 한양으로 이사하였다. 이때 율곡 나이 6세였다. 사임당은 한양 수진방(壽進坊, 오늘날 서울 수송동과 청진동)에서 10년 정도 생활한 후 48세 때 삼청동으로 다시 거처를 옮긴다. 이곳에 오고 나서 얼마 지나지 않아 몸져눕게 되는데, 누운 지 며칠 만에 "내가 다시 일어나지 못할 것이다"는 말을 자녀들에게 남기고 1551년(명종 6년) 5월 17일 새벽에 48세를 일기로 영면한다.

이때 부군 이원수는 수운판관(水運判官)으로 장남 이선, 삼남 이

이와 함께 세곡을 실어 올리는 일로 평안도 지방까지 갔다가 일을 끝내고 돌아오는 길이었다. 자고로 큰 인물이 세상을 떠나면 어떤 식으로든 징험이 드러나는 법이니, 율곡이 남긴 기록에 의하면 이때 평안도에서 가지고 오던 물건 중에 놋그릇이 있었는데, 꺼내보니 색깔이 하나같이 붉게 변해 괴이하게 여긴 일이 있었다고 한다.

사임당이 세상을 떠난 후 율곡의 부친 이원수는 10년을 더 살았는데 그동안 권씨라는 재취를 얻었다. 사임당은 죽기 전 부군 이원수에게 재혼은 하지 말아달라고 부탁했는데 그 말을 듣지 않았던 것이다.

"제가 몸이 병약하니 아마 당신보다 먼저 이 세상을 떠날 것입니다. 부탁이니 제가 죽은 후 새장가를 들지 말아주십시오. 우리가 이미 7남매나 두었으니 더 바랄 게 없지 않습니까? 그러니 굳이 《예기(禮記)》의 가르침을 어기지 말아주십시오. 자녀를 온전히 잘 기르는 게 부모의 책임이라는 것을 잊지 마소서."

이 유훈을 남긴 이유는 아마 여자로서 느끼는 질투심보다는 부군 이원수가 덕이 부족하여 새로운 가족을 맞이하면 분란이 일어나고, 남겨진 자식들에게 나쁜 영향을 끼칠까 걱정한 까닭으로 보인다. 당시 시대 상황으로는 맞지 않는 표현이겠지만, 신사임당은 이원수 공을 늘 아이처럼 불안하게 여겼다. 평강 공주처럼 결혼 초기에 부군을 훌륭한 선비로 만들려고 공부를 중도에 그만두면 자결하겠다는 의사까지 보이며 10년 공부를 완성할 때까지 견디라고 일렀건만 번번이 어기고 돌아오는 모습을 보아야 했다. 또한 벼슬을 청탁하러 친척들을 찾아다니며 전전하는 모습을 보고 옳지 않은 일이라 나무란 적도 있었다.

이원수는 사임당이 한 간곡한 부탁을 져버리고 결국 권씨를 후처로 맞아들였다. 더불어 사임당이 내다본 불안한 예감은 현실이 되고 말았으니 새로 맞이한 후처 권씨가 지닌 성품이 사임당과는 비교할 수 없이 강퍅하고 패악스러워 율곡을 비롯한 자녀들이 큰 어려움을 겪게 된다. 문서에 남은 권씨의 행실을 보면 율곡의 마음고생이 어떠했으리라는 것을 짐작할 수 있다.

권씨는 뭔가 마음이 틀어지는 일이 있으면 노끈으로 목을 매어 자살하는 시늉을 해서 온 집안사람들이 놀라 달려들어 구하게 했고, 불만이 있으면 뜰에 내려와 빈 독에 머리를 집어넣고 큰 소리로 울어서 온 동네를 시끄럽게 했다.

후일 율곡이 출세한 이후에도 마음에 거슬리는 일이 있으면 문안 인사를 가도 방문을 닫아걸고 자리에서 일어나지 않았다. 그러면 율곡은 관을 쓴 채 방문 밖에 꿇어앉아 연신 머리를 숙여 사죄해야 했는데, 권씨는 그제야 겨우 일어나 율곡을 맞았다.

하루는 손님이 홍시 한 쟁반을 들고 찾아와 율곡에게 선물했는데, 그 손님과 이야기를 나누다 손님이 시장해하기에 홍시를 하나 드리고 자기도 하나 가진 다음에 나머지를 어머니 권씨에게 쟁반째 갖다 드렸다. 그랬더니 권씨가 자기에게 말도 없이 두 개를 뺐다고 버럭 화를 내며 "그리 먹고 싶은데 왜 나를 주는 거냐"며 고래고래 소리를 질렀다. 결국 율곡은 손님 것까지 도로 받아서 홍시 두

개를 손으로 받쳐 들고 어머니를 찾아가, "제가 잠시 실수했습니다. 용서해주시고 잡수세요" 하며 분을 풀어드린 일도 있었다.

사임당이 세상을 떠난 후 부자는 상례를 치렀고, 어머니에 대한 애정이 깊었던 율곡은 3년 동안 여막(廬幕) 생활을 하면서 어머니 묘소를 지켰다. 아침저녁으로 하인을 시키지 않고, 손수 제사를 지내며 어머니를 기려 사람들이 효자라 칭송하였다.

나중에 다시 다루겠지만 여막 생활을 할 때 벗들이 슬픈 마음을 달래라는 뜻에서 사서삼경 등 서책을 가져다주었는데, 율곡은 그 3년 동안의 방대한 독서 덕분에 자신만의 독서법을 구축할 수 있었고 학문적인 깊이도 깊어졌다.

이제 곧 성인이 되는 청년 율곡의 마음은 영 안정을 찾지 못했다. 요즘으로 치면 사춘기에 극심한 정신적 충격을 받은 것이다. 여중군자(女中君子)로 하늘같이 여기던 어머니가 세상을 떠나는 모습을 보면서 세상에 대한 허무감과 인생에 대한 회의가 들었을 것이다. 여기에 계모 권씨의 패악질은 율곡의 마음을 더 분노하고 불안하게 만들었다.

오늘날 비행 청소년이 본래 천성이 나빠서라기보다는 불안한 가정 환경 때문에 생기는 경우가 많은 것처럼 훌륭한 자질을 갖고 좋은 교육을 받았던 율곡이지만 아직 어린 나이라 열악한 환경에서 흔들릴 수밖에 없었다. 결국 그 불안한 심경은 산천을 떠돌며 불도(佛道)를 닦는 출가(出家)의 길로 이어지게 된다.

여막 생활이 끝나가던 19세 무렵 율곡은 입산을 결심하는데 이

부분에 대해서는 여러 해석이 따른다. 그중 하나는 어머니를 그리워하는 마음에 불교에서 그 해답을 찾아보려 노력했다는 것이다.

율곡의 제자들이 남긴 기록에 따르면, 율곡의 집에는 오래전부터 내려오는 불경이 있었다고 한다. 어릴 적에 그 불경을 읽다가 불가에서 깨달음을 얻으면, 죽은 자를 만날 수 있다는 글을 보고 가슴에 담아두었는데, 어머니가 돌아가신 후 비통한 나머지 혹시라도 어머니를 다시 만날 수 있지 않을까 하는 마음이 들었다는 것이다.

또 다른 해석으로 율곡의 유명한 제자며 예학(禮學)으로 고명한 사계(沙溪) 김장생(金長生)의 〈율곡행장(行狀)〉에 따르면, 율곡은 어느 날 봉은사에서 우연히 불교 경전을 살펴보다 생사에 관한 학설을 보고 크게 느낀 바가 있었는데, 그 철학이 간단하면서도 오묘한 점에 흥미를 느껴 입산을 결심하게 되었다고 한다.

한편, 철학적인 이유에서라는 기록도 있다. 《송자대전》,《사계집》 등에 기록된 내용을 보면, 율곡이 떠나기 전 친구들에게 남긴 글이 나온다.

'기(氣)'라는 것은 사람들이 다 갖춘 것인데, 그 기를 잘 기르면, 마음이 부릴 수 있고, 잘못 기르면 마음이 기의 부림을 받게 된다. 마음이 기를 부리면 한몸에 주인이 있는 것과 같아서 성현을 기약할 수 있지만, 기가 마음을 부리면 칠정이 통솔되는 바가 없으니, 어리석고 미치는 것을 면하지 못하는 법이다.
옛날에 기를 잘 기른 사람이 있는데 맹자가 바로 그렇다. 사람으로 궁리에 뜻이 있고, 본성을 극진하게 여기는 자라면 이 기를 어디서 구하겠는가?

공자가 말하기를, 지혜로운 자는 물을 좋아하고, 어진 이는 산을 좋아한다고 했으니, 산수를 즐기는 자는 그 흐르는 물과 높은 산을 취하려는 것이 아니라 동정(動靜)의 요체를 얻으려는 것이다. 어질고 지혜로운 사람이 기를 배양하는데, 산수를 버리고 어디서 구하겠는가?

당시 율곡의 마음속으로 들어가 보지 않았으니 모를 일이지만, 가정불화와 철학적이고 종교적인 관심 등이 복합적으로 작용해서 입산하게 된 것으로 보인다. 또한 친구들에게 전한 글로 보건대 젊은 패기와 맹자를 인용한 것으로 보아, 맹자가 언급한 호연지기(浩然之氣)를 기르고 싶다는 마음도 한몫했으리라.

'호연지기'라는 말은 《맹자》에 처음 등장한다.

공손추1가 물었다.

"감히 여쭙건대, 선생님은 무엇을 잘하십니까?"

"나는 언어를 잘 알고, 나의 호연지기를 잘 기른다."

"감히 여쭙건대, 호연지기란 무엇입니까?"

"대답하기 어렵다. 그 기란 지극히 크고 강하니 바르게 기르면 해가 없고, 천지간에 막힘이 없다. 그 기는 의(義)와 배합하고, 도(道)와 함께해야 하니 그렇지 못하면 무기력하게 된다. 이는 스스로 의로움을 모아야 하는 것으로, 외부에서 엄습하는 것이 아니다. 행함이 마음으로부터 충만하지 못하면 공허하게 된다."

여기서 '외부에서 엄습하는 것이 아니다'의 뜻은 호연지기가 단순히 하늘에서 떨어지는 것처럼 외부에서 오는 것이 아니라 스스로 길러 내는 내면과 외적인 것이 호응해야 한다는 의미다.

마음으로부터 충만한 행함으로 호연지기를 길러볼 생각이었을까? 율곡은 끝내 입산을 결심하고, 금강산으로 발걸음을 옮긴다. 번잡한 마음에도 삼년상을 치르고 떠났다는 데서 율곡이 효성과 도리를 다하는 진중한 인품을 지녔음을 엿볼 수 있다.

1554년(명종 9년) 3월의 일이었다. 율곡은 금강산 마하연으로 들어갔는데 그곳에서 '의암(義庵)'이라는 법명도 받았다. 그 시기에 고향을 떠나며 지은 〈동문을 나서며〉라는 시를 보면 율곡의 시원섭섭한 심경이 고스란히 드러나 있다.

천지는 누가 열었으며
일월은 누가 갈고 또 닦았는가
산하는 이미 한몸이요
한서(寒暑)는 다시 서로 바뀌는구나
사람은 만물 가운데서
아는 바가 가장 많은데
어찌하여 조롱박처럼

외롭게 얽매여만 있을 것인가

팔방(八方)과 구주(九州) 사이에

어디에 막혀 노닐지 못할까

봄 산 천 리 밖으로

지팡이를 짚고 장차 떠나가리니

나를 따르는 자 그 누구일까

해 질 녘 공연히 기다려보는구나

마하연에 도착한 율곡은 선방(禪房)에서 깊은 선의 경지에 들어가기도 했다. 당시 여러 승려가 설법할 때 서로 다른 부분이 많았는데, 율곡이 옳고 그름을 분별해주자 스님들이 감탄해 마지않았고, 뭇 승려들은 율곡을 살아 있는 부처라 칭송하기도 했다. 비록 법명을 받기는 했지만, 그것은 절에서 생활하기 위한 하나의 절차였을 뿐, 정식으로 머리카락을 자르고 스님이 된 것은 아닌 듯하며, 다만 불교를 공부하는 불자(佛者)로서 공부만 한 것으로 보인다. 머리카락을 잘랐느냐 여부는 당대에는 상당히 민감한 사안이었는데 이후 명확히 밝혀진 기록이 없어 현재로서도 그 사실 여부를 정확히 알 수 없다.

후일 불교에 대한 입교 여부가 유생들 사이에서 논란이 되었는데, 송시열의 《송자대전》19권을 보면 송시열이 학통으로 보았을 때 조사(祖師, 일가를 이룬 어떤 학파를 처음 세운 사람) 격인 율곡 이이를 변호하면서 이런 이야기를 한다.

일찍이 한 선비가 율곡에게 변형(變形, 머리카락을 자른 것) 여부에 관해서 허물없이 물어보니, 율곡이 즉시 답하였다.

"비록 내가 변형은 하지 않았어도, 그 마음이 깊이 빠졌으니 변형을 하지 않은 게 뭐가 그리 도움이 되겠는가?"

율곡이 자세히 분별하여 말하지는 않았지만, 머리카락을 자르지 않은 실상은 이같이 자연스럽게 드러났으니, 이것이 이이의 참된 모습이다.

변형 여부는 율곡 제자들을 공격하기 위한 빌미에 불과한 것일 뿐, 율곡의 말마따나 변형이 뭐가 그리 중요하겠는가? 당시 율곡은 입산한 후 절간에서만 지냈던 것은 아니고 율곡이 바라던 대로 불교 공부도 하고 금강산, 오대산 등 산천을 두루 유람하며 호연지기를 길렀다. 다음 시는 내금강의 수많은 폭포와 연못이 모여 장관을 이룬 만폭동(萬瀑洞)에서 지은 것이다.

높고 낮은 돌길을 지나 만폭동 입구로 들어가니
골짜기 안으로 나는 폭포 소리 성난 우레 소리 울려 퍼지네
바위에는 만고에 녹기 어려운 눈발이 서려 있고
산에는 천추에 흩어지기 어려운 구름이 서렸도다
사자봉(獅子峯) 앞에서는 짙은 안개를 헤치고
화룡연(火龍淵) 위에 앉아 황혼을 기다리네
밤이 깊으니 보덕암(普德庵)에서 투숙하는데

학이 울고, 원숭이가 소리 질러 꿈길을 어지럽히는구나

　율곡은 집을 나와 산천을 떠돌고 낯선 승려들과 문답을 나누면
서 무슨 생각을 했을까? 존경하던 어머니를 잃고 인생이 덧없다고
생각했을까? 성격이 괴팍한 계모를 만나 집에서 편안히 지내지 못
하는 신세가 처량하다고 생각했을까? 앞으로 펼쳐질 불안한 미래
에 대해서 번민했을까? 비록 어려서부터 수많은 책들을 읽어왔다
지만 복잡다단한 인생길은 그리 쉽게 해답을 내어놓지 않았기에
청년다운 고뇌에 휩싸였을 테고, 또 한편으로는 인생에 대한 허무
를 깊이 느꼈을 것이다. 승려도 유학자도 아닌 자신의 모습, 자신의
정체성에 대해서도 곱씹고 또 곱씹었을 것이다.
　서애 유성룡이 지은 《운암잡록(雲巖雜錄)》에는 이즈음 율곡이
지은 것으로 보이는 한 시에 대한 기록이 남아 있다.
　"전생의 몸은 김시습이었는데 현생에서는 도로 가낭선(賈浪仙)
이 되었구나."
　이 시는 허균의 《국조시산(國朝詩刪)》에 전문이 실려 있는데, 이
문구는 율곡 사후에 반대파에게 중요한 공격의 단초가 되기도 했
다. 율곡이 자기 자신을 어떻게 생각했는지 여실히 보여준다는 점
에서 율곡이 지은 이 시구는 상당히 흥미롭다.
　김시습은 생육신으로 유명한 인물이다. 어렸을 적부터 천재로
명성이 드높은 유학자였는데, 세조의 왕위 찬탈에 실망하여 출세에
뜻을 접고, 불도에 깊이 빠져 승려와 선비를 오갔다. 가낭선 역시

당나라의 유명한 시인으로 본명은 '가도(賈島)'다. 한유에게서 시에 대한 재능을 인정받았고 한때 승려가 되어 '무본(無本)'이라는 법명을 받기도 했다. 퇴고(推敲)[2]에 관한 가도의 일화는 유명한데 그만큼 시 한 수를 지을 때 한 글자 한 글자 남다른 정성을 쏟았다.

앞에서 보았던 시구로 돌아오면 이 시는 율곡이 승려도 유학자도 아닌 채 정처 없이 떠도는 자신의 신세를 한탄한 것이다. 인생은 속도가 아니라 방향이라는 말이 있다. 등대 없이 먼 항해를 떠날 수 없으니, 방향을 명확히 정한 자만이 높은 속도를 낼 수 있다. 그런 면에서 젊은 날의 고민과 번민은 당시는 괴로울지 몰라도 충분히 전력을 다해 후회 없이 해보는 것이 삶에도 공부에도 적지 않은 도움이 되는 법이다. 율곡이 자신의 정체성에 대해 깊이 고민했던 점도 훗날 과거 공부와 더 큰 출세를 하는 데 있어 단단한 반석으로서 큰 역할을 했을 것이다.

---

1 공손추(公孫丑): 전국 시대 제나라 사람으로 맹자의 제자.

2 퇴고(推敲): 가도는 나귀를 타고 가다 시를 지었는데 '새는 연못가 나무에 자고 중은 달 아래 문을 두들긴다'는 시구에서 '두들긴다'로 할지 '민다'로 할지를 놓고 오랫동안 고민했다. '민다'와 '두들긴다'를 놓고 고민하다가 그만 세도가인 한유의 행차길을 침범하고 말았다. 이때 한유가 가도의 이야기를 듣고, '민다'는 '퇴(推)'보다는 '두들긴다'는 '고(敲)'가 좋겠다고 조언해준 데서 비롯한 고사다.

어느 노승과
나눈 문답

율곡은 산천을 유람하다 지쳐갈 즈음 깊은 산속, 사람의 발길이 닿지 않는 심산유곡에서 한 노승을 만나 문답을 나누게 된다. 이 흥미로운 문답 내용을 살펴보면, 이미 이즈음 율곡이 불교에 점차 거리를 두고 세상으로 돌아가는 환속에 마음이 있었음을 알 수 있다. 혹은 이 문답이 중요한 계기가 되었을지도 모른다.

율곡이 금강산에서 유람하다 하루는 깊은 골짜기로 자신도 모르게 발걸음을 옮겼는데, 거기에는 조그만 암자가 하나 있었다. 그 암자에는 가사를 단정히 입은 노승이 앉아 있었는데, 그는 율곡을 보고도 일어나지도 않고, 말도 한 마디 건네지 않았다. 율곡 또한 아무 말 없이 암자 주위만 한번 살펴볼 뿐이었다. 어쩌면 무협 영화에서 볼 수 있는 한 장면처럼 절정의 고수 둘이 만나 서로 기 싸움을 나누는 것 같은 정황이었는지도 모르겠다.

율곡이 둘러보니 살림살이라고는 하나도 없고 부엌에서 밥을 지어 먹은 흔적조차 없었다. 율곡이 다시 노승에게 다가가 물었다.

"여기서 무얼 하십니까?"

노승은 그저 웃기만 하고 여전히 말없이 좌선만 할 뿐이었다.

율곡이 다시 물었다.

"무얼 먹고 굶주림을 면하십니까?"

그제야 노승은 소나무를 가리켰다.

"저것이 나의 양식이요."

율곡은 노승이 어떤 승려인지 시험해보고 싶은 마음이 들었다.

"공자와 석가 중 누가 더 성인입니까?"

"선비는 나를 시험하지 마시오."

"불교는 오랑캐 종교니 중국에서는 시행할 게 못됩니다."

"순은 동이(東夷) 사람이고, 문왕(文王)은 서이(西夷) 사람이니 그들도 오랑캐요?"

"불교의 묘한 것이 우리 유가를 벗어나지 못하거늘 왜 굳이 유교를 버리고 불법을 구하는 것입니까?"

"유가에서도 마음이 곧 부처라는 말이 있소?"

"맹자가 성선을 말씀하셨고, 그때마다 요순을 예로 들었으니 이 것이 마음이 부처라는 말과 다를 바가 없습니다. 다만 우리 유가는 현실에서 찾을 따름입니다."

노승은 수긍하지 않고, 한참 후에 다시 입을 열었다.

"색도 아니고 공도 아니라는 말은 무슨 말이오?"

"그것 역시 눈앞에 있는 하나의 경계지요."

노승이 미소를 짓자 율곡이 말을 이어 나갔다.

"솔개는 날아서 하늘에 닿고, 물고기는 연못에서 뛴다는 말이 있는데, 이것은 색입니까? 공입니까?"

"색도 아니고 공도 아닌 것이 바로 진여(眞如, 사물이 지닌 있는 그대로의 모습, 불교에서 말하는 절대적인 진리) 본체니 어찌 시구에 비견하겠소?"

율곡이 웃으며 운을 뗐다.

"이미 말로 표현하면 그것이 곧 현상의 경계인데, 어찌 본체라 하겠습니까? 만약 그렇다면 유가의 오묘한 것은 말로 전할 수 없는데, 불가의 도는 문자 밖에 있다고 말할 수 없는 것입니다."

이 말을 듣고 노승은 율곡 손을 붙잡았다.

"그대는 세속에서 만날 수 있는 선비가 아니구려. 나를 위해 시 한수를 지어 솔개가 날고 물고기가 뛴다는 시구를 풀어주시오."

물고기 뛰고 솔개가 나는 것은 상하가 마찬가지니
색도 아니고 공도 아니다
한가히 한번 웃고 내 신세를 돌아보니
석양의 숲 속에 홀로 서 있네

노승은 시를 받아본 후 소매 속에 넣고는 벽을 향해 돌아앉았다.

율곡이 골짜기를 나와보니 따듯한 봄날 한 편의 꿈을 꾼 듯하였다. 사흘 뒤 노승이 누구인지도 모른 채 나왔다는 생각이 들어 율곡이 다시 그 암자를 찾았지만 작은 암자만 그대로일 뿐, 노승은 이미 떠나고 없었다. 시에서 '물고기 뛰고 솔개가 나는 것은 상하가 마찬가지니'라는 구절은 《시경》에 나오는 말이다. 《중용》을 보면, "《시경》에 이르기를, 솔개는 날아 하늘에 이르고, 물고기는 연못에서 뛰어오른다고 하였는데, 상하 곧, 천지 이치가 밝게 드러남을 말한 것"이라는 문구가 나온다.

율곡이 하산을 확고히 결심하고 다시 유학자의 길을 걷기로 한 표면적인, 즉 후학들이 남긴 기록물에서 엿볼 수 있는 계기는 이런 것이다.

깊숙한 곳에 고요히 앉아 생각을 집중하다 문득 선도가 가르치는 것이 별달리 기묘한 게 없다는 것을 깨달았다. 선도라는 것은, 단지 마음이 달아나는 길을 끊어서 정신을 집중하여 지극한 경지를 만들기 위해, 짐짓 어떤 문제를 설정해놓고 공부하는 것이다.

사람들이 그 뜻을 미리 알면 공부를 정성스럽게 하지 않아 아무것도 얻을 수 없으니 이렇게 생각을 금지해놓고 사람들을 속이는 것이다. 이런 의심이 들어 다시 유교 경전을 펼쳐 그 뜻을 깊이 궁리해보니 체용(體用), 곧 본체와 변화가 하나의 근원이라고 한 그 학설이 진리고 사람들을 속이지 않는 것이었다.

여기서 '선도'는 당시 성행하던 선불교의 수행법을 말하는 것이고, '마음이 달아나는 길을 끊고 막는다'는 것은 화두를 들고 참선하는 방법에 대한 풀이다. 짧은 글이지만 율곡의 이러한 분석은 당대 유학자로서 가질 수 있는 가장 단순하면서도 날카로운 불교와 유학에 대한 통찰이다.

이것을 글자 그대로 받아들이면 율곡은 불교가 혹세무민하는, 유교보다 한 차원 낮은 법도인지라 불교를 배척하고 유학으로 다시 돌아온 듯하다. 그리고 세속으로 나온 후에도 임금이나 다른 유학자들 앞에서 불교를 배격하는 일관된 태도를 보인다. 하지만 그것은 현실을 살아가야 하는 당대 선비로서는 피할 수 없는 선택이기도 했으니, 과연 율곡이 진심으로 그렇게 생각했느냐는 의문이다.

노승과 나눈 문답을 들여다보면 불교의 이치에도 상당한 경지에 이르렀음을 알 수 있고, 퇴계 이황과는 대립되는 그의 이기론(理氣論)도 기존 성리학과는 다른 불교적인 색채를 상당히 느낄 수 있다. 어쩌면 율곡의 철학 혹은 종교적 각성은 함께 어울렸던 당대 유학자들과 후대의 평가보다 한 차원 더 높은 곳에 있었는지도 모른다.

율곡은 19세가 되던 1554년 3월 금강산으로 떠났다가, 20세가 되어 홀연히 금강산과 결별하고 하산한다. 이때 보응 스님과 마지막 길을 함께했고, 이광문 초당에서 하룻밤 기숙한다. 금강산이야 언제든 다시 찾을 수 있겠지만, 불가와는 영영 결별하는 셈이었는데 이 시기의 심정을 담은 시가 있다.

도를 배웠으니 집착이 없고
인연 따라 이르는 곳마다 노니는구나
잠시 청학동(靑鶴洞)을 떠나
백구주(白鷗州)로 와서 감상한다
신세는 구름 천 리고

건곤(乾坤, 천지)은 바다 한 모퉁이에 있네

초당에서 하룻밤 기숙하는데

매화에 걸린 달이 풍류로다

율곡은 20세 봄에 다시 강릉 외가로 돌아왔다. 어머니 사임당에 대한 애정이 깊었던 만큼 외조모 용인 이씨와도 사이가 좋았다. 강릉 오죽헌에만 돌아오면 제집에 온 듯 편안한 안식을 느낄 수 있었다.

환속한 율곡은 학문을 본격적으로 해보기로 결심한다. 방황이 길었던 만큼 조급한 마음이 들어 허둥대거나 오랜 유랑에 대한 회포를 풀 만도 한데 율곡은 심신을 가다듬는 것부터 시작했다.

먼저 그즈음 절친한 친구인 성혼과 주고받은 편지 가운데 과거 급제를 목표로 삼은 이유에 대해 해명한 글이 있어 옮겨본다.

족하(足下, 친구를 높여 부르는 호칭)께서 말씀하신 대로 과거를 중하게 여겨 득실에만 연연한다고 한 말에 대해 어찌 책임을 피할 수 있겠습니까? 하지만 이는 또한 내가 어찌할 수 없는 일이기도 합니다. 내게는 물려받은 산업이 없고 빈궁하여 능히 생계를 꾸릴 수가 없습니다. 늙은 어버이는 계시는데, 좋은 음식을 해드릴 수가 없으니, 자식 된 자로 어찌 마음이 불편하지 않겠습니까?

품팔이나 장사도 할 수 있고 천하게 여기지 않습니다만 나라에 정한 법도가 있어, 선비와 서민이 하는 업이 달라 스스로 억제하고 행하지 못합니다. 단지 과거를 보는 길 하나만으로 연로하신 어버이를 부양할 수밖에 없으니 일신을 굽혀 따를 뿐입니다. 감히 가난을 핑계로 봉록을 구하는 것을 공맹의 정통한 맥으로 삼으려는 것은 아닙니다.

또한 부모의 명은 불의가 아니라면 모두 근면하게 따라야 하는 것이니, 내가 어찌 과거에 불응할 수 있겠습니까? 하여 이미 과거 급제를 사업으로 마음먹었으니 어찌 온 힘을 다하지 않겠습니까? 해서 과문(科文, 과거에 적합한 문장)을 지어 그 수준에 맞는 합당한 것을 구할 뿐이니, 여기에 이르게 된 것은 부득이한 소치지만, 감히 평생의 사업으로 삼으려는 것은 아닙니다.

자신이 세운 최종적인 목표, 평생의 사업은 더 높은 곳에 있고 과거 자체에만 연연하지는 않는다고 하였지만, 과거를 볼 수밖에 없는 이유는 분명히 밝혔다. 이렇게 자신의 마음을 투명하고 솔직하게 공개한 것은 마음속에 남아 있는 마지막 한 포기 거리낌마저 뽑아버리고 결심을 단단히 다지기 위한 중요한 의식이 아니겠는가.

율곡이 강릉으로 돌아와 입신출세로 가는 길에서 공부를 시작하며 스스로를 경계하기 위해 지은 〈자경문(自警文)〉은 당대 선비들이 공부할 때 지침으로 삼아 외우고 다닐 정도로 유명한 명문이었다. 〈자경문〉은 크게 14개 항목으로 나눌 수 있는데, 약관의 율곡은 이 문구를 스스로 작성하여 벽에 붙여놓고 시시때때로 되새기며 공부에 관한 의지를 다졌다.

〈자경문〉의 대략적인 내용을 살펴보면 이렇다. 큰 뜻을 품고 자신의 마음을 잘 단속해야 하며 다른 사람이 보든 안 보든 올바른 태도를 지녀야 한다. 또한 매사에 성실하고, 이익에 흔들리지 말고, 의를 지켜야 할 것이며 공부는 끝이 없이 평생토록 해야 하는 것이다. 이렇듯 〈자경문〉은 입지와 수신을 그 주된 내용으로 삼고 있다.

율곡은 〈자경문〉을 가슴에 품고 분발 정진하여 마침내 21세에 하산한 이후 처음으로 과거를 치르게 되는데, 한성부에서 시행하는 한성시였다. 한성시의 책문 시험에서 율곡은 또다시 장원을 하게 되었고, 세상 사람들은 다시 한 번, 이 대단한 공부 천재 율곡을 주목하게 된다. 세간에 공부 꽤나 한다는 선비들도 평생 한 번 하기 어렵다는 장원을 연이어 했으니 당연한 결과라 할 수 있겠다.

청년 율곡,
퇴계를 찾아가다

1557년(명종 12년), 22세가 된 율곡은 성주목사(星州牧使, 관찰사 아래 각 지방 목을 다스리던 문관으로 오늘날 시장에 해당함) 노경린[1]의 딸과 결혼하여 가정을 이룬다. 율곡의 처는 1541년생으로 율곡보다 다섯 살 어렸다. 그즈음 당대 명망 있는 유학자이자 정치가였던 퇴계 선생은 사직서를 올리고 경상북도 예안(禮安)에 은거하여 학문 연구에 주력하고 있었다.

율곡은 성주에서 혼례를 치르고 1년을 성주에 머무른 후 강릉으로 돌아간다. 23세 봄, 강릉으로 돌아가는 길에 오늘날 경상북도 안동시로 도산서원이 있던 예안으로 발걸음을 옮긴다. 그곳에서 퇴계는 학문 연구와 강의를 하며 후학들을 양성하고 있었는데, 율곡도 당시 이미 유명 인사였기에 아마 퇴계도 소문을 들어서 율곡에 대해 알고 있었을 것이다. 율곡이 퇴계를 찾아갔을 때(1558년) 율곡은 23세 퇴계는 58세였는데, 학문으로 일가를 이룬 노학자와 촉망받는 신진 유학자의 만남이었다. 율곡은 퇴계를 만나 시를 한 수 지어 올렸다.

시냇물은 수사(洙泗)에서 비롯되었고
봉우리는 무이산(武夷山)처럼 수려하네
살아갈 계책은 오직 경전 천 권뿐이요
드나들 곳은 몇 칸 집이 있을 뿐
가슴속은 환히 갠 달이요
담소는 거센 물결도 그치게 하네
소자가 도를 듣기를 원하니
반나절 한가로움을 훔친다 마소서

이 시에 퇴계는 이렇게 화답했다.

병든 이 몸은 문 안에 갇혀 봄을 만나지 못했는데
공이 와서 심신을 시원하게 깨워주는구려
높은 명성에 헛된 선비 없음을 알게 되었으니
지난날 수신하는 공부 적었음이 부끄럽구나
곡식이 아름답게 익어가는 데 잡초를 용납할 수 없고
거울을 새롭게 닦는 데 티끌은 허락될 수 없으니

과분한 정(情)에서 나온 시구는 모름지기 지워버리고
공부에 노력하여 각자 나날이 새로워집시다

'수사'는 공자 고향으로, 공자는 수수(洙水)와 사수(泗水) 두 강
사이에서 제자들을 가르쳤다. 무이산은 중국 복건성(福建省)에 있
는 산으로 주자가 여기에다 무이정사(武夷精舍)를 짓고 강의를 했
다. 퇴계가 유학의 정통인 공자와 주자 학통을 계승했음을 칭송하
는 것이다.

율곡은 이틀 밤을 그곳에서 머물렀다. 율곡의 기록에는 이틀이
라 되어 있는데, 퇴계는 날씨가 좋지 않아 사흘을 머무른 것으로 기
록하였다. 아마 2박 3일을 보내고 아침 일찍 떠난 것으로 보인다.
율곡과 작별하고 나서 퇴계는 강릉에 있는 율곡에게 편지를 보냈
는데, 그중 한 부분을 소개한다.

세상에 영리하고 명석한 재능을 가진 사람의 수가 어찌 한이 있
겠습니까? 단지 고래로부터 내려오는 학문을 긍정하지 않고 마
음에 두지 않으니, 도도함이 넘쳐 그친 것입니다. 혹 그중 세속
의 흐름에서 벗어난 자가 있다 하여도, 어떤 이는 재능이 부족
하고, 어떤 이는 나이가 이미 많습니다. 이제 공같이 재능이 뛰
어난 젊은 사람이 바른길로 접어들었으니 후일 얼마나 큰 성취
를 할지 측량이나 할 수 있겠습니까? 원대한 포부로 헤아릴 수
없는 성과를 스스로 기약하여, 작은 이익에 만족하지 마십시오.

'도도함이 넘쳐 그쳤다'는 것은 재능이 있으나 거만하여 고래로부터 내려오는 도학 공부를 지속하지 않고 그만두었다는 것이다. 그리고 다음과 같은 시를 편지에 함께 넣어 보냈다.

지금껏 이 학문에 세상 사람들이 놀라고 의심도 하였는데
이익을 얻으려다 경전의 도를 구하기 어려웠네
감사하게도 자네가 홀로 퇴락한 도를 구하려 하니
사람들이 공의 말을 듣고 새로운 지식을 일으키게 하오

더불어 시를 통해 위로의 말을 전하기도 했다.

돌아와 스스로 오랜 방황을 한탄하나
고요히 머무른 곳에서 틈새 빛을 보았네
권하노니 그대는 이때를 맞아 올바른 길을 추구하고
궁향(窮鄕, 외딴 마을)에 들었던 일을 한탄하지 마시오

여기서 '궁향'은 불교를 가리킨다. 이 시에 비추어보아 율곡은 퇴계에게 자신이 잠시나마 불교에 빠졌던 전적에 대해 고민을 토로했던 것으로 보인다. 이에 율곡은 이렇게 화답하였다.

도를 공부하는데 누가 의심이 없겠나이까
병의 뿌리를 떠나지 못함을 한탄하였는데

차가운 시냇물을 받들어 마시고 생각하니
마음속 깊은 곳까지 냉철해져 스스로 깨닫는구나

젊은 나이는 양식을 장만하느라 사방으로 분주하였고
말과 사람이 굶주린 뒤에야 빛을 돌아보네
석양은 본래 저무는 서산 위에 머무나니
나그네가 어찌 고향이 먼 것을 근심하리오.

　자신이 학문의 먼 길을 떠나는 것을 두려워하지 않는다고 한다. '빛을 돌아본다'는 뜻의 '회광반조(迴光返照)'는 아이러니하지만 선불교식 표현이다. 이는 빛을 돌이켜 거꾸로 자신을 비춘다는 것이며, 죽기 직전 잠시 온전한 정신으로 돌아오는 것을 의미하기도 한다. 여기서는 자신을 반성해서 도를 닦는 것을 말한다. 차가운 시냇물을 마시고 깨달음을 얻었다는 것은, 퇴계의 '계(溪)' 자가 시냇물이라는 뜻에서 비유한 것이다. 퇴계의 가르침에 대한 감사를 표하고, 자신이 늦게 시작하였고 학문을 이루는 게 어려울지라도 꿋꿋이 그 길을 가겠다는 다짐을 표한 것이다.
　한편, 퇴계는 율곡을 만난 소회를 제자 조목²에게 전하기도 했다.

　수일 전 한양에 사는 이이가 나를 방문했다. 비가 내려 사흘을 관내에 머물다 떠났다. 그 사람은 밝고 협기(俠氣, 의협심과 호방한 기세)가 있었으며, 학식과 견문이 깊었다. 우리 학문에서 말하는 '후생이 두렵다'(後生可畏, 후생가외)는 옛 성현의 말씀이 허사가 아님을 알았다. 일찍이 이이가 사장(詞章, 문장과 시)이 지닌 화려함을 숭상한다고 들어 일부러 시를 짓게 하지 않았는데, 가는 날 아침에 비가 내려 시험 삼아 읊어보게 하였다.
말에 몸을 기대어 몇 수를 읊었는데, 시가 사람만 못하였다 해도 볼 만은 해서 여기에 동봉하니 읽은 후 문원(금난수琴蘭秀, 퇴계의 문인)에게 부쳐 돌려주면 좋겠다.

'시가 사람만 같지 못했다'는 언급에서 퇴계가 율곡을 만나 어떤 인상을 가장 강하게 받았는지 알 수 있다. '사람이 밝고 협기가 있었다'는 대목에서 시에서 받았던 감흥보다 율곡이라는 사람에게서 받았던 인상이 더 강렬했다는 것을 짐작해볼 수 있다. 성현들과 제자들이 지은 시를 이미 숱하게 접했기에 사람에게 더 흥미를 느끼고 주목했거나, 학식보다는 사람이 더 중요하다는 것을 오랜 경륜으로 터득했기 때문은 아닐까.

장원급제를 했음에도 불구하고 좋은 스승을 찾아간다는 것, 당대 가장 명망 높은 학자를 방문하여 가르침을 구한다는 것은 공부에 대한 율곡의 태도를 극명하게 보여준다. 율곡은 자신이 하는 공부가 단순히 과거에 합격하는 것으로 끝나는 게 아니라는 것을 알고 있었기 때문이다. 〈자경문〉에서 밝힌 것처럼 본격적인 공부는 그때부터 시작된다고 생각했으리라. 또한 어떤 공부든 그 분야 최고의 스승을 찾아가서 의견을 구하고 자신의 학식을 평가받는 열

정은 반드시 필요한 법이다.

율곡이 힘든 방황의 시기를 이겨내고 세상의 학문에 본격적인 뜻을 세운 후, 퇴계를 만나 다시 한 번 재도약할 수 있는 계기를 마련하기까지의 과정을 살펴보았다. 이제부터는 율곡이 어떻게 공부해서 구도장원공이 될 수 있었는지 그 공부법에 대해 본격적으로 살펴보기로 하겠다.

---

1   노경린(盧慶麟, 1516~1568년): 조선 중기 문신으로 성주목사를 지냈다. 1557년(명종 12년)에 이이를 사위로 맞았다. 숙천부사(肅川府使)로 부임하여 선정을 베푼 공으로 1564년에 가자(加資, 조선 시대 관원들 가운데 근무 성적이 좋은 경우 품계를 올려주는 일)되었다.

2   조목(趙穆, 1524~1606년): 퇴계의 문인으로 자는 사경, 호는 월천이다. 1552년(명종 7년) 생원시에 합격하였고, 봉화현감 등을 지냈으며 1594년 일본과 맺는 강화를 반대하는 상소를 올렸다. 1601년에는 공조참판을 지냈으며, 평생을 청빈하게 지낸 대학자로 존경받았다. 도산서원에 제향되었다.

조선의 과거제도

과거제도는 중국 수나라 문제로부터 시작된다. 수문제는 중앙집권제를 강화하기 위한 일환으로 과거제도를 채택하였다. 그렇게 마련된 과거제도는 당나라에 이르러 관리를 등용하는 주된 제도로 확립되었다.

과거제도가 우리나라에 도입된 것은 고려 시대인 958년(광종 9년)이다. 고려는 과거에 명경과(明經科), 제술과(製述科), 잡과(雜科)를 두었는데, 명경과는 유교 경전으로 시험을 보고, 제술과는 시문(詩文)으로, 잡과는 기술관을 등용하는 시험이다.

조선은 고려의 과거제도를 계승하였는데, 명경과와 제술과는 문과(文科)로 통합하고, 잡과는 유지하고, 무과(武科)를 새롭게 만들었다. 문과와 무과를 통해서 문반과 무반을 선출하였고, 양반 제도를 성립하였다.

넓은 의미에서 문과에는 대과(大科)를 치르기 위한 예비 시험 성격인 소과(小科)를 두었는데, 소과에는 생원시(生員試), 진사시(進士試)가 있었고 이를 아울러 사마시(司馬試)라고도 불렀다. 생원시는 경학(經學)에 대한 시험을, 진사시는 시(詩)와 부(賦) 등 문학으로 시험을 치렀다. 각각 초시와 복시라는 2단계 과정을 거쳐야 했으며, 소과에 합격한 사람에게는 생원이나 진사라는 칭호가 부여됐고 성균관에 입학할 자격이 주어졌다. 사마시의 초시에는 한성시(漢城試)와 향시(鄕試)가 있었는데, 한성시에서 200인, 각 도의 향시에서 500인을 선발하였다. 한성시는 한성부에서 주관하는 시험이었고, 향시는 각 도 관찰사가 주관하는 시험이었다.

좁은 의미에서 문과는 대과만을 말한다. 대과는 초시(初試), 복시(覆試), 전시(문무과 복시에 합격한 60여 명에 대해 왕이 친히 참석하여 보던 시험) 3단계가 있었다.

시험에 응시할 수 있는 자격은 원칙적으로는 신분 제한 없이 양인 이상이면 가능했지만, 실질적으로는 양반의 전유물로 사족들이 응시했다.

과거에 응시할 수 없는 자는 중죄인 자손으로 영구적으로 관직 임명의 길이 막힌 사람, 뇌물을 받거나 국가 재물을 절도한 관리의 아들, 서얼 자손, 재가했거나 행실이 나빴던 여자의 자손 등이다. 재가했거나 부정한 여자의 자손은 증손자부터 과거에 응시할 수 있는데, 이때도 한성부, 사헌부, 승정원, 사간원, 수령 등에는 임용될 수 없었다.

시험 시기에 따라 정기적으로 시행하는 식년시(式年試)와 특별한 경우 임시로 시행하는 부정기 시험이 있었는데, 부정기 시험은 상당히 자주 실시되었다.

식년시는 십이지(十二支)의 자(子), 오(午), 묘(卯), 유(酉)에 해당하는 연도로 3년에 한 번 시행하였다. 식년시에는 초시, 복시, 전시가 있었는데, 1월부터 5월까지 시험을 치렀다. 후일 성종대 농사에 방해된다고 하여, 식년시 전해 가을에 초시를 치르고, 식년시 봄에 복시와 전시를 치렀다.

국가에 경사가 있을 때 시행하는 시험에는 증광시(增廣試), 별시(別試), 알성시(謁聖試), 정시(庭試), 춘당대시(春塘臺試) 등이 있었다. 증광시는 특히 국가에 큰 경사가 있을 때 실시하였는데, 식년시와 흡사하여 초시, 복시, 전시 3단계로 시험을 치르고, 소과, 무과, 잡과도 시행하였다.

대과 초시에는 사마시의 초시와 마찬가지로 한성시와 향시가 있었고, 추가적으로 성균관 유생들을 대상으로 하는 관시(館試)도 있었다. 한성부에서 주관하는 대과의 한성시는 당하관(堂下官) 이하 관리나 한성부에 거주하는 유생들이 응시했다.

초시 선발 인원은 향시가 150명, 관시가 50명, 한성시가 40명이다. 초시 합격자 240명은 다시 복시를 치러 합격자를 33명 배출했다. 이 33명은 마지막으로 임금이 직접 참가하는 가운데 책문(策問) 시험을 보았는데, 이 시험은 합격자를 배출하는 게 아니라 순위를 매기기 위한 시험이다. 1등에서 3등을 갑과(甲科), 4등부터 10등을 을과(乙科), 나머지 23명을 병과(丙科)로 분류했다.

정기적으로 시행하지 않는 시험 중 알성시는 국왕이 성균관 문묘에 참배한 후 성균관 유생들을 대상으로 치른 시험이며, 정시는 학문을 장려하려고 전시에 응시할 자격을 주거나, 물품을 하사하는 시험으로 제술(製述) 시험을 보았다. 춘당대시는 무사들이 창경궁 춘당대에 모여 무예를 겨루는 시험이다. 중시(重試)는 문무과에 급제한 당하관 이하 문무관을 대상으로 한 시험으로 성적이 좋으면 관직을 올려주는 승진 시험이다. 별시는 경사가 있을 때 예고 없이 시행하는 시험인데 그중 외방별시(外方別科)는 국왕이 지방에 행차할 때 시행한 특별 시험이다. 함경도에서 시행하는 북도과(北道科), 평안도에서 시행하는 서도과(西道科)가 있었고 강화도, 제주도, 개성부에서 시행하는 별시도 있었다.

공부의 신
율곡의 장원급제
공부법

입지立志 공부법

흔들리지 않는 분명한 뜻을 세워라

한성시에 장원급제를 하긴 했지만, 율곡이 세운 목표는 그것으로 끝나는 게 아니었다. 비록 한성시를 통해 자신의 존재감을 또 한 번 드러내긴 했지만 여전히 대과가 남아 있는 상황이었고, 더불어 열악한 가정환경과 한때 불교라는 이단에 입문했다는 주홍글씨까지 새겨진 상황은 반드시 극복해내야만 하는 콤플렉스로서 율곡의 발목을 잡고 있었다. 그런 상황에서 율곡은 지금 이 정도의 성과로 만족할 수 없었다.

그래서 율곡은 당대 최고의 학자였던 퇴계를 만난 것을 기점으로 본격적인 과거 공부에 돌입하게 된다. 이제부터 구도장원공이 되기까지 율곡이 실제로 어떤 방식으로 공부했는지 입지 공부법부터 차례차례 알아볼 것이다.

자신을 믿고 최고의 목표를 세우다

앞서 살펴본 것처럼 율곡이 외가가 있는 강릉에 돌아와서 가장 먼저 한 일은 〈자경문〉을 써서 스스로를 경계한 일이다. '자경문'은 말 그대로 스스로를 경계한다는 의미의 문구이며, 공부하는 데 게을리하지 않겠다는 자기 각성의 의미를 지닌다.

율곡은 자기 각성을 분명히 하고 공부를 시작했는데 〈자경문〉을 보아도 짐작할 수 있지만, 각성의 첫머리는 입지(立志)로, 뜻을 분명히 세우는 일이었다. 요즘 말로 고치면 목표를 분명히 하는 것이다.

〈자경문〉 첫머리를 보자.

먼저 그 뜻을 크게 가져야 한다. 성인(聖人)을 준칙으로 삼고 일호(一毫, 아주 작은 것)라도 성인에 미치지 못하였다면, 아직 내 사업은 끝난 것이 아니라는 마음을 갖는다.

여기서 '사업'은 현대적 의미의 사업이 아니라 천직 같은 '평생의 일'을 의미한다.

율곡은 성인이 되는 것을 목표로 삼았다. 후에 《성학집요》를 집필해 선조에게 올리는데, 그 내용은 성왕(聖王)이 되기 위한 방법을 요약 정리한 것이다. 이 책의 제목에 사용한 '성(聖)' 자는 성인(聖人)의 '성' 자와 같은 글자로, 율곡은 스스로에게는 성인을, 왕에게는 성왕을 학문의 목표로 제시했던 것이다.

비록 과거 시험을 준비하면서 내건 지침이지만 목표는 유학자가 세울 수 있는 최고 목표인 성인이었다. 이처럼 율곡은 학문을 하는 데 있어 목표를 분명히 하는 것을 중시하였고 자신이 세울 수 있는 최고의 목표를 정했다.

1582년(선조 15년), 왕명으로 지어 올린 《학교모범》에서도 학문을 시작하는 유생들에게 가장 먼저 강조한 게 입지였다.

학인(學人)은 먼저 뜻을 세워야 하며, 도를 깨치는 것을 의무로 삼아야 한다. 도는 고원(高遠)한 것이 아닌데 사람들이 힘써 행하지 않을 뿐이다. 온갖 선한 것은 이미 내가 다 가지고 있는 것이니 따로 구하지 않아도 된다. 망설이거나 기다릴 것이 없으며 두려워하거나 늦추지 않아도 된다.

천지 이치로 마음을 바르게 하고, 백성을 살리는 것을 지표로 삼고, 옛 성인의 계통을 이어 중단된 학문을 계승하고, 만세를 위한 태평성대를 열어주는 것을 목표로 한다. 뒤로 물러나 스스로 갈 앞길을 한정 짓거나 편안한 것만을 구해서 스스로를 방만하게 하는 버릇은 호리(毫釐, 털끝만큼 적은 것)라도 마음속에 자라나게 해서는 안 된다. 각종 훼방, 곧 명예, 영화, 치욕, 득실, 화복, 이런 것들에 마음이 흔들려서는 안 되며 오직 분발하고 노력하여 성현(聖賢)이 되어야 한다.

율곡은 방황 끝에 과거를 보는 것과 성리학자의 길을 걷는 것을 스스로 선택했고, 그렇게 방향을 결정한 후에 가장 우선한 것이 입지였다.《격몽요결》[1]에도 입지를 중시하는 율곡의 태도가 분명히 나타나 있다.

처음 배우는 사람은 오로지 뜻을 분명히 세워야 한다. 반드시 성인을 기약하고, 털끝만큼이라도 물러나거나 누군가에게 의지하려는 마음을 가져서는 안 된다. 대개 일반인도 성인과 그 본성은 동일하다. 비록 기질에는 청탁수박(淸濁粹駁)의 다름이 있지만, 진실한 마음으로 참되게 알고 실천하여 과거의 잘못된 습관을 버리고 타고난 본성을 회복한다면 조금도 더할 필요 없이 만 가지 선을 모두 갖출 것이다.

사람들이여, 왜 스스로 성인이 되기를 기약하지 않는가? 예로부터 맹자가 타고난 본성이 선하다는 성선(性善)의 도를 말해왔다. 요순이라는 실제 인물을 들어 사람은 누구나 요순같이 될 수 있다고 했으니 어찌 자신을 속이겠는가?

'청탁수박'은 맑고, 탁하고, 순수하고, 박잡(駁雜, 여러 가지 뒤섞여 잡스러움)하다는 것으로 기질이 서로 다름을 뜻한다. 기질을 바꾼다는 의미의 '교기질' 부분에서 다시 다루겠지만 각자 타고난 기질은 다르지만, 타고난 본성은 요순과 마찬가지로 순수하고 선하고 강력한 것이니 이러한 본성에 대한 신념을 갖고 자신이 가질 수 있는 최대한의 목표를 지향하라는 의미다.

성리학에서 말하는 어진 마음, 성인과 같은 본성이라는 것은 단순히 윤리적인, 즉 선악 선택에 관한 입장만을 말하는 게 아니다. '성즉리(性卽理)'라 하여 인간 본성과 천리가 같다는 신념에서 출발하는데 인간이 타고난 본성을 찾으면 기질을 바로잡아, 양지(良志)와 양능(良能)이라는 훌륭한 지혜와 능력을 두루 갖출 수 있다는 것이다.

자신을 믿고 최고 목표를 지향한 것이 율곡이 세운 입지였고, 결과적으로 율곡은 수백 년이 흘러도 회자되는 정치가이자 대학자로 남게 되었다. 우리도 공부를 시작할 때 각자 처한 상황을 바탕으로 자신의 입지를 이같이 분명히 해야 할 것이다.

뜻은 반드시 주체적으로 세워야 한다

입지와 관련하여 《학교모범》에서는 율곡 자신의 구체적 목표인 과거에 응시하는 자세도 엿볼 수 있다. 과거를 보지 않고 처사(處士, 벼슬을 하지 않고 초야에 묻혀 살던 선비)로 살기로 마음먹었다면 모르되, 일단 과거를 보기로 한 이상 율곡은 과거에 집중하여 최선을 다하여야 한다고 역설했다.

과거는 비록 뜻있는 선비가 조급하게 서두를 일이 아니지만, 오늘날에는 과거가 벼슬을 하는 통상 규칙이다. 만일 도학(道學)

에 온 마음을 다하여, 나아감과 물러남을 예의에 따라 하는 도학군자라면 과거에 얽매일 필요가 없지만, 혹 한양의 문물을 보고 과거를 보게 된다면, 성심성의로 공부해야 하고, 허송세월해서는 안 된다.

득실에 연연하여 지조를 잃어서는 안 되고, 항상 자신을 바로 세우고 도를 실천하여 임금에게 충성하고 나라에 보답하겠다는 생각을 지녀야 한다.

구차하게 의식이 넉넉하기만을 추구해서는 안 된다. 진실로 도에 뜻을 두어 게으르지 않고, 일상생활에서 영위하는 모든 일이 도리에 벗어남이 없다면, 과거 공부도 일상생활의 하나니 실질적인 공부에 무슨 방해가 되겠는가?

근래 사람들이 늘 뜻을 잃게 될까 염려하는 것은 이해득실에만 생각이 움직이는 탓이다. 또 오늘날 선비들이 갖는 공통적인 병통은 게으르고 해이해져서 독서에는 힘쓰지 않고, 스스로 도학군자인 체하면서 과거 공부를 즐겁게 여기지 않고, 부질없이 세월만 보내서 이학(理學, 이치에 관한 학문)은 물론이고 과거 공부도 성공하지 못하는 것이니 가장 경계해야 할 일이다.

과거를 보기로 했다면, 곧 시험에 합격하고 출세하고 성공하는 길을 걷기로 했다면, 이 핑계 저 핑계 대면서 허송세월하지 말고 성심성의를 다하라는 것이다. 여기서 중요한 점은 이 모든 병폐가 입지를 분명히 하지 않았기 때문에 생긴다는 사실이다.

《격몽요결》에서는 마음만 있을 뿐 실천이 따르지 않는 부실한 입지에 대해서 이렇게 말한다.

뭇사람들이 스스로 입지를 말하고도 즉시 공부에 힘쓰지 않고 미적거리고 누군가 도와주기를 기다리기만 하는 것은 명목만 입지를 내세웠을 뿐, 실제로는 학문을 향한 뜻이 없는 까닭이다. 진실로 내 뜻이 학문에 있다면, 어진 마음이 나에게서부터 나오는 것이니 하고자 하면 이를 수 있음인데 어찌 다른 사람에게서 구하겠으며, 어찌 후일을 기약하겠는가?
입지가 귀한 이유는 즉시 공부를 시작하여, 미치지 못할 것을 염려하며 일념으로 생각하여 물러서지 않을 수 있기 때문이다. 혹여 뜻이 불성실하고 두텁지 못하여 날만 보낸다면, 나이가 들어 죽는 날까지 무슨 성취를 이루겠는가?

요약하면 부실하지 않은 진정한 입지는 누군가 도와주기를 기다리지 않는 것이다. 진정한 입지는 뜻을 성실하고 돈독하게 하여 시간을 낭비하지 않고 일념으로 뜻한 바에 이를 때까지 매진하는 것이다.
또한 율곡은 하고자 하면 이를 수 있다고 하였다. 종교 경전에 나오는 '구하면 얻을 것이요, 두드리면 열릴 것'이라는 문구가 생각나는 부분이다. 입지를 분명히 하면 반드시 성취할 수 있으니 후일을 기약하여 망설이거나 물러서지 말라는 이야기가 인상적이다. 그렇기에 입지가 끝났으면 더 머뭇거리지 말고 당장 공부에 착수해야 한다. 그리고 입지를 성실하고 돈독하게 해서 목표한 바에 도달할 때까지 흔들리지 않는 것이 중요하다.

누군가 도와주기를 기다리지 말고, 다른 사람에게서 자신이 해야 할 공부를 구하지 말라는 이야기도 주목할 만하다. 사교육과 과외가 판치는 세상이고 그런 교육 방식이 보조적인 역할은 할 수 있을지 모르지만, 스스로 공부하려는 동기와 입지가 분명하지 않다면 사실 이 모든 것은 다 무용지물일 뿐이다. 자신이 해야 할 공부를 도와줄 사람이나 특정한 기회를 기다리지 말고, 스스로 입지를 돈독히 하여 미적거리지 말고 당장 자신만의 공부를 시작해야 한다.

요즘은 지나치게 수동적인 자세로 학습하는 사람들이 많다. 입지에 있어 가장 중요한 부분은 스스로 목표를 세우고, 스스로 동기를 부여하는 자기 학습의 주체로 자리 잡는 것이다. 공부는 실로 이러한 주체적 입지에서 시작된다고 필자는 굳게 믿는다.

근래 유행하는 '자기 주도 학습'도 이와 같은 맥락이다. 목표를 분명히 하는 것, 입지를 한다는 것은 첫째 스스로 동기부여를 명확하게 하는 것이며, 둘째 자기가 중심이 되는 공부를 하는 것이다.

동기부여를 스스로에게 분명히 한다는 것은 율곡이 부모님을 위하여 공부를 시작한다는 것을 친구 성혼에게 밝혔듯이, 자신을 확실하게 설득하는 작업이다. 그렇게 되어야 다음 단계인 자기가 주도하는 공부를 할 수 있다.

공부는 극단적으로 말하자면 첫째도 동기부여 둘째도 동기부여

셋째도 동기부여다. 동기부여의 핵심에는 목표가 있다. 무엇보다 공부해야 하는 이유를 분명히 해야 한다. 이유가 분명하면, 그 이유에 따르는 원하는 결과물도 있을 것이다. 탐스러운 열매에는 단단한 씨앗이 있는 법이니 말이다.

이를테면 이유가 부모님을 호강시켜드리는 것이라면 그 정도의 사회적 성공에 걸맞는 직업, 지위, 자격증, 전문성을 목표를 정하면 된다.

뜻이 있는 곳에 길이 있다고 하지 않았는가? 동기부여가 분명한 사람은 어떻게든 길을 찾아낸다. 동기부여가 분명하지 않으니, 목표가 흐릿해지고 계속 흔들리는 것이다.

다음으로, 목표를 분명히 한다는 것은 학습 중심에 자기 자신이 있다는 것이다. 교사가 시켜서 하는 공부, 부모가 시켜서 하는 공부는 분명 한계가 있다. 교사가 나를 미워해서 방해하고 부모가 집안을 풍비박산 내더라도 자기 인생과 꿈을 위해서 공부하겠다고 달려드는 사람은 어떻게든 자신이 원하는 공부를 해낼 수 있다.

우리나라 노동운동의 모태가 된 전태일 열사는 공부가 너무 하고 싶은데 학교를 보내주지 않는다고 집을 나가버리기도 했다. 그 시절에는 국민 대다수가 가난해 이런 일들이 비일비재했다. 그 어려운 상황에서도 공부에 대한 끈을 놓지 않는 사람은 분명히 그 공부의 중심에 자기 자신이 있다.

끝으로, 주체적으로 목표를 설정하면 창의성도 자극을 받는다. 말하자면 목표 설정 자체가 학습 역량을 강화한다는 것이다.

한국교육개발원에서 편찬한《한국교육 미래비전》에 따르면, 하라 키위츠(Harackiewicz) 박사는 연구 논문에서 사람은 자발적인 목표 설정을 통해 목표 달성에 대한 일체감을 형성시키는데, 이것이 창의적 사고 및 창의적 문제 해결의 기반을 이룬다고 했다. 스스로 결정하거나 수용한 목표는 잠재의식과 행동에 의미를 부여하고 능동적으로 행동의 조직자 역할을 수행한다. 결국 목표는 의식과 무의식 전 영역에 영향력을 발휘하며 수행의 극대화를 통해 창의적 사고를 발현시킨다. 이처럼 주체적인 입지는 학습에서 가장 중요한 근간이 된다.

입지를 가로막는 세 가지 병

그렇다면 우리가 왜 입지를 잘할 수 없는지, 입지를 하는 데 방해되는 요소들은 무엇인지 살펴보자. 율곡의《성학집요》를 살펴보면 그 원인을 선명하게 헤아릴 수 있다.

왕을 가르치려고 저술한《성학집요》는 전체적인 개괄에 해당하는 〈통설(統說)〉편 이후에 〈수기(修己)〉편으로 들어간다. 〈수기〉편은 먼저 수기 총론을 다루고 이후 구체적인 조목을 설명하는데, 역시 '입지'로부터 시작한다.

신이 생각건대, 배움에는 입지보다 우선하는 것이 없습니다. 입지가 되지 않았는데 성공한 사람은 없습니다. 그러므로 수기의 여러 조목 중 입지를 가장 앞에 놓았습니다.

율곡은 먼저 여러 경전에서 언급되고 있는 입지에 관한 성현들의 생각을 발췌하여 정리하고, 이후 입지를 제대로 할 수 있는 방법에 대해 자신의 생각을 제시하고 있다.

신이 생각건대, 뜻이란 기를 이끄는 장수입니다. 뜻이 하나로 통일되면 기는 움직일 수밖에 없습니다. 학자가 종신토록 독서를 하고도 성공하지 못하는 것은 뜻이 분명히 서지 못했기 때문입니다.

뜻이 바로 서지 않은 것은 세 가지 병에서 비롯되니, 첫째는 불신(不信)으로 믿지 못해서요, 둘째는 부지(不智)인데 지혜롭지 못해서며, 셋째는 불용(不勇)으로 용감하지 못한 탓입니다.

첫째, 불신은 이런 것입니다.

성현이 후학에게 명백하고 친절하게 알려주었으니, 오로지 그 말을 따라 순서대로 점진적으로 나아가면 성인과 현인이 되는 것은 당연한 이치입니다. 해서 그 일에는 성공하지 못할 자가 없습니다. 그런데 불신하는 자는 성현이 말로써 유혹하는 것일 뿐이라 생각하고, 그 문장을 즐길 뿐 몸으로 실천하지 않습니다. 그래서 성현이 쓴 글을 읽고도 세속에서 저지르는 그릇된 행위를 계속하는 것입니다.

둘째, 부지는 이런 것입니다.

사람이 지닌 기품이 천차만별로 다스려지지 않았지만, 근면하게 알고, 근면하게 행하면 반드시 성공할 수 있는 법입니다. 맹자는 어려서 뛰어놀고, 장사 지내는 놀이를 즐겼지만, 마침내 아성(亞聖, 공자 다음가는 현인, 맹자를 이름)이 되었고, 사냥을 즐기며 저녁 늦게 들어오는 것은 정자2의 습관이었지만 마침내 대현(大賢)이 되었으니, 어찌 생이지지(生而知之, 태어나면서부터 아는 것)해야만 덕을 이룰 수 있겠습니까?

지혜롭지 못한 자들은 자신의 천부적인 자질이 아름답지 못하다고 여겨 뒤로 물러나 진일보하지 못하니, 이는 나아가면 성인도 되고 현인도 되지만, 물러나면 어리석고 불초(不肖, 못나고 어리석은 사람)한 자가 되는 것이 모두 자기 자신에게 달렸다는 것을 모르는 탓입니다. 따라서 성현의 책을 읽었는데도 실천하지 못하는 것은 기품의 구애를 받기 때문입니다.

셋째, 불용이란 이런 것입니다.

사람들이 혹시 성현이 우리를 속이지 않는 것과 기질이 변화될 수 있다는 것을 조금 안다고 해도, 안일한 생각에 빠져 예전에 하던 대로 머물 뿐 분발하여 떨치고 일어나지 않는 것입니다.

어제 한 일은 오늘 개혁하기 어렵다 생각하고, 오늘 좋아하는 일을 내일 고치기를 꺼립니다. 이 같은 일을 반복하여 한 치를 나아가도 한 자씩 물러나니 이것이 다 불용의 소치입니다. 해서 성현의 글을 읽으면서도 지난날의 구습에 안주하여 빠져나오지 못하는 것입니다.

사람들에게 이와 같은 세 가지 병이 있기에 군자가 세상에 나오지 못하고, 육적3은 공허한 말이 되니 아아, 탄식하지 않을 수 없습니다.

입지를 막는 세 가지 병에 대한 설명에 앞서, '부지'를 설명하는 글에 태어나면서 안다는 '생이지지(生而知之)'라는 개념이 나오는데 쉽게 납득하기 어려울 수 있으니 설명을 덧붙인다. 여기서 이야기하는 생이지지는 태어나면서 천재이자 동시에 성인이라는 말인데, 이런 사람이 얼마나 있을까? 이 생이지지는 공자가《논어》〈술이(述而)〉편에서 한 말이다.

"공자는 말하기를, 나는 태어나면서부터 아는 사람이 아니다. 옛것을 좋아하고, 늘 쉼 없이 옛것을 구한 사람이다."

한유도 "나면서부터 사람이 아는 게 아니니 어찌 미혹됨이 없겠는가"라고 하였다. 공자는 또 이렇게 말했다.

"나면서부터 아는 사람은 상(上)이요, 배워서 아는 사람은 다음이요, 곤경에 처해 배우는 사람이 그다음이요, 곤경에 처해도 배우지 않는 사람은 하(下)다. 나는 나면서부터 알고 있었던 사람이 아니다."

공자도 스스로 '나는 생이지지가 아니라 학이지지(學而知之, 배워서 알다)'라 했다. 어느 누가 태어나면서부터 다 알겠는가? 성현의 길로 가는 방법은 대개 타고난 기질과 무관하게 오랜 노력 끝에 지극한 본성에 도달하는 것밖에 없다.

사실 생이지지는 나면서부터 모든 것을 안다는 것이 아니라, 인간 본성의 위대함을 가리키는 말이었다. 그런데 공자나 한유가 한 이 언급이 오용되면서, 후일 선비들이 이를 혼동된 개념으로 사용하게 된 것이다. 생이지지의 본래 의미는 이런 것이다.

《맹자》〈진심(盡心)〉편을 보면, 생이지지란 사람의 타고난 본성이 선하고 근본적인 이치를 꿰뚫고 있으며 이를 실천할 수 있다는 의미임을 알 수 있다.

맹자는 말하기를, 사람이 배우지 않아도 능히 할 수 있는 것을 양능(良能)이라 하고, 생각하지 않아도 아는 것을 양지(良知)라 한다. 어린아이가 배우지 않아도 나이가 들면서 형을 공경하고, 부모님을 사랑하는 것은 인(仁)이며, 어른을 공경하는 것은 의(義)다. 이는 별다른 것이 아니라 천하가 다 통하는 바다.

《맹자》에 이런 이야기도 있다.

옛날 순임금이 깊은 산속에 살 때 나무와 돌 틈에 거주했다. 사슴과 함께 어울리고 멧돼지와 더불어 노닐었으니, 심산유곡에 사는 야인과 다를 바 없었다. 그러나 선한 말을 듣고 보면서 그것을 몸소 행할 때는 마치 호쾌한 강물과 같아서 막을 자가 없었다.

이러한 타고난 양지, 양능을 믿는 데서부터 학문의 바탕, 즉 출발

점이 생기는 것이다. 나면서부터 모든 것을 알고 모든 것을 할 수 있다는 것이 아니라 기본적인 선한 본성과 선을 실천할 의지가 있다는 것이다. 입지를 하지 못하는 세 가지 이유 중 '부지'에서 언급한, 성실하게 구해 나가는 학문의 중요성과 생이지지에 대해 다소 혼동이 따를 것 같고 중요한 개념이기도 하여 다소 길지만 풀어보았다.

《성학집요》로 돌아와 보면, 입지에 있어서 불신이 가장 심각한 병이고, 다음으로 부지, 마지막이 불용이다. 성현의 말을 믿지 않고, 자신에게 달렸다는 것을 모르며, 믿고 안다고 해도 평소 하던 대로 무사안일에 빠져서 분발하지 않는 게 입지를 가로막는 세 가지 병이다.

'불신'에서는 경전에 적힌 내용을 믿고 실천적으로 깊이 음미할 것을 강조한다. 깊이 있는 이해는 문구만 읽는 것이 아니라 마음을 열고 몸소 실천할 정도로, 그 내용을 깊게 공감하는 데서 나온다.

불신이 성현의 말을 믿지 못하는 것이라면 '부지'는 자기 자신을 믿지 못하는 것이다. 자신의 타고난 자질이 부족하다고 생각하여 지레 학문을 포기하고 학문에 대한 뜻을 접는 것이다.

불신과 부지에서 벗어나 성현의 말을 믿고 안다는 것은 현대적인 의미로는 자신이 가진 무한한 잠재력과 가능성을 믿는 게 아니겠는가? 그리고 그 결과가 다 자기 하기 나름이니 노력하면 반드시 대가를 얻을 수 있다는 신념을 가져야 한다.

이 신념을 바탕으로 자신만의 꿈을 꾸고 그 꿈을 구체적인 목표로 그리는 것이다. 율곡은 임금에게도 목표를 향해 달려가면 하늘도 도와줄 것이니 당장 공부를 시작하라고 종용했다.

불신과 부지에서 벗어났는데도, 한 치를 나아가면 한 자씩 물러나게 되는 것은 옛 습관이나 타성, 요즘 말로 하면 매너리즘에서 벗어나지 못한 탓이다. 그것이 바로 불용이니 실천력이 부족한 것을 말한다.

'불용'이라 할 때의 용기는 요즘 우리가 흔히 쓰는 의미의 용맹함과는 조금 다르다. 여기서 사용하는 '용'은 현대적 의미의 '정의'와 같은 맥락으로 해석할 수 있는데, 즉 올바름이라는 가치 판단과 실천, 실행이 합쳐진 것이다.

'불용'에서는 주로 구습에 빠져서 헤어나지 못하는 것의 위험성을 다루고 있다. 뒤에 상세히 다루겠지만, 율곡은 이 점을 매우 중요하게 생각하여《격몽요결》에서도 〈혁구습〉편을 통해 자신이 안주하고 있는 기존의 낡은 폐단, 구습을 타파하는 것에 대해서 따로 비중 있게 다루었다. 또한 혁구습은 기질을 바꾸는 교기질과도 통한다.

결론적으로 바른 입지를 위해서는 불신, 부지, 불용이라는 세 가지 병을 먼저 뿌리 뽑아야 한다는 것인데, 충분히 생각하고 음미해볼 만한 내용이다.

《성학집요》는 설문청[4]의 말을 인용하는 것으로 '입지'에 관한 내용을 마무리하고 있다.

설문청이 말하기를 "내가 학문에 진실로 정성스러운 마음이 있다면, 하늘이 나의 소원을 이루어줄 것"이며, "학문에 진전이 없는 것은 옛 습관에서 벗어나지 못하고 과거에 하던 대로 한 탓"이라 하였으니, 삼가 전하께서는 마음에 새기시기 바랍니다.

결국, 입지를 제대로 하려면 불신, 부지, 불용에서 벗어나야 하며, 입지를 올바로 행하여 정성스러운 마음을 가진다면, 하늘도 나를 도울 것이라는 말이다. 또한 입지의 마지막 단계는 과거에 가졌던 나쁜 습관을 떨치고 일어나는 것임을 알 수 있다.

지금까지 말한 입지에 대한 내용을 정리하면 성현의 말을 믿을 것이며, 자신이 가진 기질에 구애받지 말고 자신을 믿을 것이며, 학문은 오로지 자신에게 달려 있음을 믿고 과거에 지녔던 습관을 훌훌 털어버리고 떨쳐 일어나 학문에 뜻을 강고하게 세워야 한다. 그리고 자신이 세울 수 있는 가장 높은 목표, 큰 뜻을 품어야 한다.

핑계 대지 말고 구체적인 목표를 세울 것

입지에 대한 세부적인 논의로 넘어가보자. 《격몽요결》〈처세〉편은 입지와 관련하여 현실적이고 구체적인 목표인 과거 시험, 현대 용어로 바꾸면 시험이나 입시에 대해 자신의 입장을 어떻게 취할 것인지를 다루고 있다.

과거의 학자들은 벼슬을 따로 구하지 않더라도 학문이 완성되면 윗사람들이 알아서 등용했다. 대개 벼슬이라는 것은 다른 사람을 위한 것이지 자신을 위한 게 아니다. 비록 그렇다 하더라도 오늘날 세상은 반드시 과거를 통해서만 사람을 등용하니 하늘과 통할 정도의 고매한 학문이 있고, 훌륭한 행적을 보인다 해도, 과거가 아니라면 도를 실천하는 지위에 나아갈 수가 없다.

그래서 아버지가 자식을 가르치고, 형이 아우에게 권하는 것은 오로지 과거일 뿐이다. 유생의 습관과 풍속이 변하게 된 연유가 대개 이러하다. 다만 오늘날 선비로 부모가 원하는 바람과 집안이 살아나갈 방법을 찾아 과거를 치르더라도, 자신의 기량을 먼저 채우고, 시기를 기다려 일에 대한 성패는 하늘에 맡겨야 한다. 욕심 때문에 조급한 마음을 내거나 본래 뜻을 잃어버리는 일은 없어야 할 것이다.

뭇사람들은 과거 공부를 해야 해서 학문에 전념하지 못한다는 말을 하지만, 이것은 핑계일 뿐이고 성실한 마음에서 나온 말이 아니다. 옛사람들은 부모를 모시려고 밭을 갈고, 품을 팔고, 곡식을 지고 다녔는데, 얼마나 힘들었겠는가? 그리하면서도 자신의 맡은 바 직분을 갈고닦아서 남은 힘으로 학문에 힘을 썼지만, 역시 덕을 이룰 수 있었다.

오늘날 선비들은 예전 사람들처럼 그런 노동으로 부모를 모시지 않는다. 과거 하나만을 업으로 생각할 뿐이다. 부모가 바라는 바도 오직 여기에서 벗어나지 않는다.

과거라는 것이 비록 이치를 닦는 이학(理學)과 반드시 동일하지는 않지만, 앉아서 책을 읽고 글을 쓰는 것으로, 농사 짓는 것, 품팔이하는 것, 쌀을 지고 다니는 것에 비하면 백배로 편하다.

하물며 인간의 본성과 이치에 관한 책을 읽을 수 있으니 얼마나 좋은가? 다만 과거 공부를 하는 사람은 득실에만 마음이 움직여 항상 조급하므로, 도리어 힘을 들여서 공부하는 게 차라리 마음 하나 온전히 유지하는 것만 못할 때가 많다.

따라서 선현이 말하기를, 공을 이루지 못할까 염려하는 것이 아니라, 오직 뜻을 잃게 될 것이 걱정이라고 하였으니 뜻을 잘 지켜 잃지 않도록 노력해야 하며, 과거로 성공하는 것과 이학을 공부하는 게 서로 어그러지지 않도록 함께 해나가야 한다.

오늘날 사람들이 명목상으로는 과거 공부를 한다고 하면서 전력을 다하지 않고, 명목상으로 이학을 공부한다고 하면서 역시 실질적인 노력을 기울이지 않는다.

과거 공부를 열심히 하지 않으면서 말하기를, 나는 이학에 뜻이 있다면서 과거가 달갑게 여겨지지 않는다 하고, 이학을 열심히 하지 않으면서 말하기를, 나는 과거 공부를 해야 하니 실질적인 이치에 관한 공부를 할 수가 없다고 한다.

이렇게 편리하게 양쪽으로 핑계를 대면서 허송세월만 보내니, 과거도 이학도 결국 성취를 볼 수 없어, 늙은 후에 비록 후회하더라도 어떻게 돌아갈 길이 있겠는가? 가히 경계하지 않을 수 없다.

사람이 출세하기 전에는 오직 벼슬에만 조급한 마음이 생기고,

벼슬을 하고 난 이후에는 그것을 잃을 것만 걱정한다. 여기에만 골몰하니, 자신의 본심을 잃는 자가 허다하다. 그러니 어찌 두렵지 않은가? 고위직에 있는 사람은 도를 행하는 것을 주로 삼아야 하며, 만약 도를 행할 수 없다면, 그 자리에서 물러나는 것이 마땅하다.

만약 집안이 가난하여, 불가피하게 출세하여 봉록을 받고자 하는 것을 면할 수 없다면, 내직(內職)을 사양하고 외부로 나아가야 한다. 존중받음을 사양하고 낮은 곳에 임하여야 하니, 배고픔과 추위를 면할 뿐이다. 비록 봉록을 받기 위한 벼슬일지라도 청렴하고 근면하게 공무를 행하여 자신의 맡은 바 직무를 다해야 하며, 자리를 비워놓고 놀고먹어서는 아니 된다.

우리는 이 글을 통해 율곡이 품은 입지의 구체성을 엿볼 수 있다. 과거 공부와 마음공부를 조화시키는 방법, 핑계 대지 말고 과거 공부에 매진해야 한다는 것 그리고 벼슬을 한 이후의 태도까지 그 구체적인 고민과 답변을 내놓고 있다.

21세기를 사는 우리도 주어진 현실을 냉철하게 살피고, 자신의 마음 자세와 태도를 점검하여 미래상을 보다 구체적으로 그려볼 수 있다면 학업에 대한 각오도 더욱 단단해질 것이다. 공부하기로 마음먹는 각성으로 시작해서 최종 목표까지 정했다면, 다음으로는 구체적이고 선명한 그림을 그려야 한다.

예를 들어 대학 입시를 준비할 때도, 단지 합격만을 목표로 하기보다는 구체적인 자신의 꿈을 적어서 되새기는 것이 더 큰 도움이 될 수 있다. 원하는 대학에 합격하는 것은 수단일 뿐 그 자체가 목적이 될 수는 없는데 이는 합격 자체에는 꿈이나 감정을 담을 수 없기 때문이다.

이를테면 ○○대학 합격보다는 나는 우리나라 미생물 분야에서 최고 권위자가 되겠다든지, 죽음으로 내몰린 생명을 구해내는 의사가 되겠다거나, 한반도를 둘러싼 열강의 역사 왜곡에 맞서 우리나라 역사를 바로 세우는 존경받는 역사학과 교수가 되겠다는 등의 목표가 훨씬 선명하고 공감하기도 쉽다.

'입지 공부법'을 요약하면 입지는 자신이 충분히 받아들일 수 있는 분명한 목표를 가지는 것이고 다음으로는 구체적으로 그림을 그리고 계획하는 것이다. 율곡은 여행가가 길을 떠나기 전에 지도와 나침반을 준비하는 것처럼 공부를 시작하기 전에 가장 먼저 입지를 분명하게 세우고 시작하라고 했다. 이 입지로부터 공부를 시작하면 중도에 방황하고 흔들려 포기하거나 시간을 허비하는 일을 현격하게 줄일 수 있을 것이다.

---

1 《격몽요결》: 《격몽요결》은 선조 10년(1577년), 율곡이 해주 석담에서 제자들을 가르치기 위해 지은 책이다. 이 책은 조선 시대에 《동몽선습》, 《천자문》, 《소학》과 함께 학문을 처음 시작하는 사람들에게 유용한 교재로 활용되어왔다. 유학자들이 공부하는 대부분의 서적이 중국 책인 점을 감안하면 이 《격몽요결》은 우리 선조인 율곡이 썼다는 측면에서

가치가 높다. '격몽'의 자의(字意)는 《주역》 몽(蒙)괘 상구의 효사로, 몽매하여 따르지 않는 자를 깨우치거나 징벌한다는 뜻이다. 이를 현대적으로 재해석하면, 자기 스스로를 업신 여기거나, 자신이 가진 능력에 한계치를 두지 말고 목표를 웅대하고 분명하게 가지라는 것이다.

2 정자(程子): 중국 송나라의 유학자로 정명도(程明道), 정이천(程伊川) 두 형제를 말한다. 도학을 체계화시켜 '이정자(二程子)'라 칭송받았다. 주렴계(周簾溪)의 제자였으며, 정자 사상은 다시 주자(朱子)에게 이어졌다.

3 육적(六籍): 《시(詩)》, 《서(書)》, 《예(禮)》, 《역(易)》, 《악(樂)》, 《춘추(春秋)》의 육경(六經)을 의미한다.

4 설문청(薛文淸, 1389~1464년): 명나라 사상가로 '설선(薛瑄)'이라고도 불린다.

교기질矯氣質 공부법

누구나 가능하다, 공부하는 체질로 바꿔라

세간에 떠도는 말로, 머리 좋은 사람은 노력하는 자를 이길 수 없고, 노력하는 자는 즐기는 자를 이길 수 없다고 한다. 이 말을 누가 처음 만들어냈는지는 알 수 없으나 공자 어록에 이와 아주 유사한 말이 있다.

《논어》〈옹야(雍也)〉편의 한 구절이다.

"공자는 말하기를, 무엇인가를 안다는 것은 좋아하는 것만 못하고, 좋아한다는 것은 즐기는 것만 못하다."

이는 공부에도 그대로 적용된다. 공부 또한 즐기면서 하는 것이다. 그런데 진정으로 즐기기 위해서는 공부가 자신의 습관이 되는 공부 체질로 바뀌어야만 한다.

율곡은 타고난 천재, 기재(奇才)가 아니더라도 충분히 자신의 기질을 바꿔서 큰 성취를 이룰 수 있다고 했다. 흔히 우리는 공부 잘하는 사람을 보고 '공부하는 체질'이라는 말을 한다. 실제로 주위를 보면 늘 책을 끼고 다니거나 평소에도 공부를 좋아하는 사람이 있고, 어쩔 수 없이 책을 보거나 공부하는 사람이 있다.

만약 이 두 유형의 사람이 시험을 치른다면 결과는 어떨까? 특별한 경우가 아니라면 아마 결과는 자명할 것이다. 율곡은 공부하는 기질에 대해 이야기하면서 '교기질'이라는 희망을 우리에게 선사하고 있다. 누구든 바꾸려는 노력만 한다면 자신을 공부하는 기질로 바꿀 수 있다고 말이다.

인간의 본성을 믿는다

그렇다면 교기질에 담긴 구체적인 내용은 무엇일까? 《격몽요결》에 나와 있는 교기질에 대한 내용이다.

사람이 지닌 용모는 추한 것을 아름답게 바꾸기 어렵고, 타고난 힘이 약한 것을 강하게 바꿀 수 없으며, 신체 역시 단신을 장신으로 바꿀 수 없다. 오직 사람의 마음과 뜻만은 어리석은 것을 지혜로운 것으로 바꿀 수 있으니, 불초한 것을 현명한 것으로 바꿀 수 있다.

그 이유는 모든 사람의 타고난 마음이 허령(虛靈, 비어 있고 신령

함)하기에, 타고난 천품에 구애받지 않기 때문이다. 지혜로움보다 아름다운 것은 없으며, 현명함보다 귀한 것은 없다. 어찌 현명하고 지혜로워지려고 노력하지 않고, 하늘로부터 물려받은 본성을 훼손하며 괴로워만 하는가? 사람이 자신의 의지를 분명히 갖고 굳건히 물러나지 않는다면, 즉시 도에 가까워질 것이다.

여기서 '허령하다'는 것은 인간 본성이 천리(天理)에서 왔음을 의미한다. '교기질'은 이러한 허령한 인간 본성을 믿는 데서부터 시작한다.

하루는 성혼과 율곡이 함께 화석정 아래 작은 배를 띄워 노는데 갑자기 풍랑이 일어 배를 안정시킬 수가 없었다. 이때 율곡은 뱃머리에서 태연하게 시를 읊조리며 조망하였다. 이 모습을 지켜보며 당황한 성혼이 놀란 말투로 물었다.

"어찌 처신하는 도리도 듣지 못했는가?"

율곡은 웃으면서 말하였다.

"우리 두 사람이 익사할 리가 있겠는가?"

조금 후 풍랑은 이내 멈추었다.

율곡은 어차피 자신들이 할 수 있는 바가 없다면, 하늘의 이치를 따르는 게 옳다고 믿었고, 성혼과 자신이 하늘의 이치에 따라 아직 죽을 때가 아니라고 믿었기에 태연자약할 수 있었던 것이다.

이처럼 율곡의 천리에 대한 믿음은 단순히 이론이 아니라 내면에 체화된 것이었다. 《우계문집》(우계牛溪는 성혼의 호)에는 율곡의 천리와 인간의 본성에 대한 견해를 살펴볼 수 있는 일화가 기록되어 있다.

10년 전 율곡이 나를 찾아왔다가 계려(溪廬, 오두막 여인숙)에서 머물렀다. 마침 한가을이라 창밖에서 귀뚜라미 소리가 요란하였다. 열 마리인지 백 마리인지 무리를 지어서 앞다투어 울고 노래하면서 잠시도 쉬지를 않았다. 새벽종이 치자 귀뚜라미 소리가 더욱 요란하여 스스로 자신들의 낙을 즐기며, 자신들의 노고를 알지 못하였다.

내가 탄식하여 말하였다.

"저런 미물도 제 직분을 다하기를 이렇게까지 하는구나."

율곡은 그 말을 듣고 탄식하였다.

"지각이 많은 사람은 이해득실에 민감하여 이익을 선택하고 편안한 데를 찾아가 게으르게 하루하루를 보내네. 그래서 사람들은 하늘로부터 타고난 본성을 다하지 못하게 되지. 그러나 천기(天機, 하늘의 기밀, 조화의 신비)가 자연스럽게 동하여 인위적으로 갈고닦지 않아도 타고난 직분을 다하는 것은 미물에게서 나타나는구나."

나는 그 탁월한 소견을 기쁘게 생각하여 아직도 잊지 못하였다.

여기서 율곡이 이야기하고자 한 것은 허령한 본성이 이해득실이라는 욕심에 흐려져서 사람이 오히려 미물만도 못한 행태를 보일 때가 많다는 것이다. 공부로 다시 돌아와 말하자면, 허령은 잡념이 없는 공허하고 신령스러운 마음의 본체를 말한다.

주자는 사람의 마음이 본시 허령통철(虛靈洞徹, 텅 비어 신령스럽고, 깊이 알아 환히 깨달음)하여 온갖 이치를 꿰뚫는다고 하였다. 이는 인간이 가지고 있는 본원적 능력을 말하는 것이다. 또한 이 능력은 사람의 기질과 무관하여 모든 사람이 타고나는 것이라고 하였으니 사람이 그 본성을 찾는다면 공부하는 지각(知覺)에 있어서도 혁명적인 변화를 일으킬 수 있다.

《중용》에서도 인간의 본성이 천리와 통하는 것이며, 성인의 가르침도 결국 나 자신에게서 유래한 것이라고 밝히고 있다.

하늘이 명한 천명(天命)을 성(性)이라 하고, 성을 따르는 것은 도(道)요, 도를 닦는 것은 교(敎)다.

주자는 이 문구를 《중용장구》(中庸章句, 주자가 지은 《중용》에 대한 주석서)에서 다음과 같이 주석하였다.

주자는 말하기를, 사람들이 자기 몸에 본성이 있음을 알지만, 이것이 하늘에서 나왔음은 알지 못하고, 일에 도가 있음은 알지만 그것이 본성에서 연유함은 알지 못하고, 성인의 교(敎), 가르침은 알지만, 나의 고유한 것에서 유래하여 만들어졌음은 알지 못한다. 그러므로 자사[1]가 여기에 첫째로 이것을 밝혀놓았으니,

동자(동중서董仲舒)²의 이른바 도의 큰 근원이 하늘에서 나왔다고 하는 것도 역시 이러한 뜻이다.

따라서 우리는 우리 내면의 보물을 발굴해내야 한다. 우리 내면의 허령통철한 능력을 되찾으면 온갖 이치를 꿰뚫는 힘을 가질 수 있다. 당연히 공부도 잘할 수 있다.

타고난 용모나 신체는 바꿀 수 없지만, 우리 마음만은 허령통철함을 되찾아 어리석은 것을 지혜로운 것으로 바꿀 수 있으니 자신이 불초하다고 한탄만 하지 말라고 하는 것이 바로 율곡이 공부하는 체질로 바꿀 수 있다고 하는, 즉 교기질이 가능하다고 말하는 근거다.

극기복례, 공부의 필수과정

이렇게 인간 본성을 바탕으로 교기질이 가능하다는 것을 믿고 난 후 다음 단계는 실천적으로 기질을 바꾸려는 노력을 해야 한다.

《중용장구》에서 주자는 이렇게 말했다.

밝아짐은 선함을 택한 공효(功效, 공을 들인 보람과 효과)며, 강해짐은 단단한 집념의 공효다. 여씨(여대림)³가 말하기를 군자가 배울 수 있는 이유는 능히 기질을 바꿀 수 있기 때문이다. 덕이

기질을 이기면, 어리석은 자가 밝음에 나아가고, 유약한 자가 강함에 나아간다. 덕이 기질을 이기지 못하면 비록 배움에 뜻을 두더라도 어리석은 자는 밝아지지 못하고 유약한 자는 바로 서지 못한다.

대개 모든 사람이 균일하게 선하고, 악하지 않음은 오로지 성(性, 본성) 때문이니, 모든 사람이 동일한 바다. 어둡고 밝고, 강하고 약함이 다스려지지 않은 것은 재주니 사람마다 다른 바다. 성실이라는 것은 그 다름을 돌이켜 같음을 회복하는 것이다.

선함을 택하고 단단한 집념으로 강해진 사람은 덕을 길러 군자가 된다. 이 덕은 본성을 되찾는 강력한 힘이다. 이 덕성의 힘으로 타고난 기질을 이겨내면 곧 극기복례를 완성하면, 교기질이 되어 밝아지고 강해진다. 이렇게 해서 소인도 군자가 되어 지혜롭게 능히 실천할 수 있다.

모든 사람이 가진 동일한 점은 선한 본성이다. 모든 사람이 각기 다른 점은 타고난 재주, 타고난 기질이다. 극기복례의 성실함은 다른 점을 극복하여 동일한 본성으로 돌아가는 것이다.

《성학집요》의 '교기질' 부분을 보자.

신이 생각하건대 반드시 기질이 편향된 것을 고쳐서 타고난 본성을 회복해야 합니다. 장자가 말하기를 "학문에 크게 도움이 되는 것은 기질을 변화시키는 데 있다"고 하였습니다.

그러고 나서 율곡은 기질을 바꾸는 주요한 방법 가운데 하나로 극기복례(克己復禮)를 이야기했다. 극기복례는 자신을 이기고 예법을 따른다는 것인데, 구체적인 의미는 주자가 밝혀놓았다. 주자도 극기복례를 비중 있게 생각해서 다음과 같이 자구 하나하나까지 친절하게 설명하였다.

'극'은 극복한다는 것으로 이기는 것이고, '기'는 인간의 사적인 욕망을 말하는 것이며, '복'은 되돌린다는 것이며, '예'는 천리의 절도를 말한다. 극기복례란 타고난 개인적인 욕망이 발현되는 자신의 기질을 극복하여 천리의 절도에 맞게 행동한다는 것이다. 하루만이라도 자기를 극복하여 예를 지키면 천하 사람들이 자신의 어진 마음과 함께한다. 어진 마음을 행하는 것은 자신에게 달린 것이고 다른 사람이 대신할 수 없다.

극기복례는 남이 대신할 수 없고, 효과는 즉각적이어서 순식간에 주위 사람들도 감화시킬 수 있다. 이는 세상을 바꾸려면 먼저 자기 자신부터 바꿔어야 한다는 말을 떠올리게 한다. 이렇듯 극기복례란 개인의 기질적 한계를 넘어서는 것으로 주자는 이어서 이렇게 말하고 있다.

나에게 사사로운 것이 셋 있는데, 하나는 기질이 편향된 것이요, 하나는 이목구비가 만들어내는 욕망이요, 하나는 다른 사람을 미워하거나 이기고자 하는 사욕이다. 이를 자세히 체인(體認, 마음속으로 깊이 인정함)하여 사사로운 뜻을 알아챘을 때, 즉각 그 사사로운 것을 극복해야 한다.

자기 극복을 어렵지 않게 여기면 개인적인 욕망을 이겨내고 천리가 두루 행해져 인(仁)을 이루 다 쓸 수 없을 것이다.

'인을 다 쓸 수 없다'고 했는데 여기서 '인'은 천리를 말하는 것으로, 천리로 인해 발휘되는 능력이 무한함을 말한다.

《성학집요》에서는 주자의 일화를 통해 극기복례를 이렇게 설명하고 있다. 어느 날 주자가 여백공이라는 사람을 만났는데, 그는 젊었을 때 자신의 성품이 거칠고 난폭해서 음식이 마음에 들지 않으면 그릇을 깨부수곤 했다는 것이다. 그런데 나중에 병을 오래 앓으면서 적적하던 차에 《논어》를 아침저녁으로 읽다가 '자신을 꾸짖는 것은 중(重)하게 하고, 남을 꾸짖는 것은 경(輕)하게 한다'는 대목을 접하고, 문득 마음이 평안해지는 것을 느꼈고, 이후부터 사납게 성내는 버릇이 없어졌다는 것이다.

이렇듯 율곡은 주자에 얽힌 일화를 언급하며 기질을 바로잡는 노력은 극기복례를 힘써 행하는 데 달려 있다고 했다. 천리를 닮은 인간의 본성은 자연스러운 것이지만, 편중된 인간의 기질을 바로잡아 본성을 회복하기 위해서는 반드시 후천적인 노력이 필요하다는 것이다.

자신의 기질을 연주하라

자신의 기질이 어떤 성향인지 객관적으로 파악한 후 극기복례를 통해 조금씩 바로잡아 나간다면, 언젠가 자신이 가진 기질을 유능한 악공처럼 자신이 원하는 방향대로 멋지게 연주할 수 있을 것이다.

율곡은 《성학집요》〈수기〉 '교기질'에서 성현들의 말씀을 예로 든 후, 교기질의 핵심 의미를 기질의 청탁수박 구분에 따라 상세히 밝히고 있다.

사물은 편벽되거나 막히면 다시 변화시킬 방법이 없지만, 오직 사람은 청탁수박 차이가 있다 하더라도 본래 마음이 텅 비고 밝아서 변화할 수 있습니다. 맹자가 말씀하시길 "사람마다 요순이 될 수 있다" 하였으니 어찌 헛된 말이겠습니까?

타고난 기질이 맑고 깨끗한 사람은 지행(知行)을 능히 할 수 있으니 더 바랄 게 없고, 기는 맑으나 질이 박잡한 사람은 능히 알수는 있으나(능지能知, 양지良知라고도 한다) 행하기가 어려운데 성실하게 궁행(躬行)에 힘쓰면 바른 행실로 유약한 인물도 강하게 될 수 있습니다.

질은 순수하나 기가 탁한 사람은 행동은 능히 할 수 있으나(능행能行, 양행良行이라고도 한다) 능히 알기는 어려운데, 묻고 배우는 데 반드시 성실하고 정밀하게 한다면, 지식에 통달하여 어리석은 자라도 명석해질 수 있습니다.

율곡의 설명에 따르면, 기질의 '기'는 지혜, '질'은 실천과 통한다. 기가 맑은 사람은 능히 알 수 있고, 질이 순수한 사람은 능히 행할 수 있다. 비록 기나 질이 탁하더라도 바른 행실을 실천하기에 힘쓰고, 묻고 배우는 데 성실하다면 강하고 현명한 사람으로 거듭날 수 있다. 또한 교기질의 핵심에 관해서는 실질적인 예를 들어 다음과 같이 설명하고 있다.

세상의 모든 기예를 태어날 때부터 아는 자가 누가 있겠습니까? 어린 남자나 여자가 처음에 거문고와 비파를 익힐 때 손끝으로 한 음 한 음 짚어 소리를 내면 사람들이 귀를 틀어막지만, 중도에 그치지 않고 노력을 쏟아부으면, 점점 그 음률을 제대로 소화하게 되고, 지극한 경지에 도달하면 그 소리가 맑고, 조화롭고, 순조롭게 막힘이 없어 그 아름다움을 말로 다 표현할 수 없습니다. 기예가 이러할진대, 학문은 두말할 나위 있겠습니까?

악기를 다루는 일도 오랜 훈련을 통해 유능한 악공으로 거듭날 수 있듯이, 기질도 연주하기 나름이다. 학문을 중도에 포기하지 않고 공을 쌓으면 반드시 허령통철한 본성을 바탕으로 바른 기질을 갖게 되어 양지, 양능할 수 있다.

사물이 편벽된 것이나 인간의 타고난 신체는 바꿀 수 없어도 허령통철한 본성을 가진 사람의 기질은 바꿀 수 있으니 극기복례의 노력으로 공부한다면, 언젠가 그것이 편안해지는 공부하는 체질로 바뀔 수 있다.

교기질에 대한 율곡의 생각을 정리하기에 앞서 반드시 알아야 할 것은 교기질과 학문은 어느 한쪽이 다른 한쪽을 온전히 이끄는 것이 아닌 상호 보완적인 관계라는 것이다. 경전에도 사람 내면이 밝아짐과 노력은 상보 관계라 했는데 교기질로 학문이 잘되고, 학문하면서 교기질이 잘된다는 것도 이와 같은 맥락이다.

《중용》을 보면, "성(誠)으로부터 명(明)해짐을 일컬어 성(性)이라 하고, 명(明)으로부터 성(誠)해짐을 교(教)라 하니, 성실하면 밝아지고, 밝아지면 성실해진다"고 했다.

교기질을 해서 즉, 공부하는 체질로 바뀌어서 공부가 일취월장하기도 하고, 교기질이 완전히 되지 않았다 해도 공부를 열심히 해서 즉, 학문을 성실하게 궁리하고 연구하는 과정에서 기질이 바뀌기도 하는 것이다. 공부에 성실하면 본성이 밝아지고, 본성이 밝아지면 공부에 성실하게 되는 이치다. 따라서 교기질과 공부는 어느 것을 먼저 끝내고 다음 것을 하는 것이 아니라 병행해야 하는 것이다.

교기질과 학문의 관계는 실천과 앎의 관계와 같다. 먼저 실천하면 잘 알게 되기도 하고, 먼저 알면 실천을 잘할 수 있으니 실천과 앎을 병행해야 하는 이치와 같다. 이른바 지행병진(知行竝進), 지행합일(知行合一)인 것이다. 이처럼 교기질과 학문은 한 가지 도(道)의 두 가지 모습이니 떼려야 뗄 수 없다.

뇌과학으로 보는 교기질

교기질을 현대 과학의 성과에 비추어보면 뇌과학에서 이야기하는 뇌 가소성(可塑性)을 떠올리게 한다. 가소성이란 어떤 물체의 외부에 힘을 가하여 변형을 일으켰을 때 그 힘을 제거해도 본래 형태로 돌아가지 않고, 그 형태를 유지하는 성향을 말한다. 뇌의 신경계 연구에서는 경험, 기억, 학습에 의하여 뇌가 새롭게 재설계되는 현상을 '뇌 가소성'이라 표현한다. 과거에는 우리 뇌가 고정불변하는 것으로 인식되었으나 과학이 발달하면서 뇌에 대한 패러다임에 전면적인 변화가 일어난 것이다.

현대 첨단 뇌과학이 밝힌 뇌 가소성은 율곡의 교기질론과 정확히 상통한다. 뇌 가소성이란, 쉽게 말하면 학습을 통해서 뇌에 새로운 길을 만들 수 있다는 것이다. 다시 말해 노력으로 공부하는 뇌를 만들 수 있다는 것이 현대 뇌과학이 내린 결론이다. 이는 기질을 바꾼다는 율곡의 교기질 학습법과 그대로 통한다.

뇌 가소성의 효과를 보려면 반복 학습을 해야 한다. 공부 두뇌를 만들려면 긍정적인 마인드로, 집중적으로 반복 학습을 해야 한다. 학습과 기억의 관계를 통해서 좀더 자세히 살펴보자.

독일 심리학자 헤르만 에빙하우스는 16년 동안 기억에 대해 연구하였다. 에빙하우스가 연구한 결과에 의하면 학습한 후 10분 뒤부터 망각이 시작되어, 1시간 뒤에는 50퍼센트, 하루 뒤에는 70퍼센트, 1달 뒤에는 80퍼센트를 망각하게 된다고 한다.

이 수치를 역으로 이용하면, 10분 후에 다시 공부하면, 1일 동안 기억되고, 1일 후 반복해서 공부하면 1주일, 1주일 후 다시 공부하면 1달, 1달 후 반복하면 6개월 이상 지속되어 자신의 기억으로 장기 저장되는 것이다. 따라서 장기 기억을 위해서는 반복 학습이 중요한 것이다.

한국전자통신연구원(ETRI) 박문호 책임연구원에 따르면, 기억은 평생 동안 우리가 자연스럽게 몸으로 행하는 절차 기억, 자신의 감정에 기반한 신념 기억, 환경 변화에 대처하기 위해 배우는 학습 기억의 세 가지로 분류할 수 있다.

그는 학습한 내용이 뇌에 영구적으로 저장되려면 일정 기간 반복적인 자극으로 뇌의 활성이 유지되어야 한다고 말한다. 애매한 상태가 지속되는 동안 반복해서 그 부분을 공부하지 않으면 기억에서 곧 사라진다는 것이다. 따라서 학습의 지름길은 핵심에 대한 명확한 이해에 도달할 때까지 반복해서 공부하는 것이다.

이 작업은 절차 기억이 만들어지는 과정과 유사하다. 걷기, 달리기 같은 것이 절차 기억이다. 절차 기억은 오랜 반복 운동으로 숙달한 이후에는 평생 무의식적으로 할 수 있는 것으로 이것이 바로 습관이라는 것이다. 이처럼 공부하는 습관도 반복 또 반복하여 절차 기억처럼 두뇌와 몸에 온전히 각인시켜야 한다. 이것이 바로 공부하는 체질로 만드는 것이며, 교기질이다.

교기질을 설명하면서 누차 이야기했듯이 할 수 있다는 믿음을 가지는 것이 무엇보다 중요하다. 뇌 가소성 이론에 입각하면 '머리가 안 돼서 공부를 못해'라는 말은 통하지 않는다. 머리를 좋게 만든 다음에 공부하는 게 아니라 공부를 꾸준히 하면 자연스럽게 공부하는 머리로 만들어지는 것이다. 성적이 오름과 동시에 뇌 구조가 바뀐다는 말이다.

담배를 끊으려면 피우지 않고 참고 견디고 이를 대체할 다른 건전한 기호 식품이나 취미를 지속적으로 제공하여 뇌에 새로운 길을 내 저절로 담배에 대한 욕구가 줄어들게 해야 하듯, 뇌 가소성과 공부, 교기질과 공부의 관계도 그래야 한다.

타고난 기질의 청탁수박에 연연해하지 말라. 청탁수박으로 자신을 한계 짓지 말라. 긍정적인 믿음을 갖고 반복해서 학습한다면 반드시 뇌가 반응할 것이다. 처음부터 공부가 좋았던 사람은 많지 않다. 공부하다 보니 공부가 즐거워지고 공부하는 기질로 바뀐 것이다. 작은 성과가 쌓이면서 더욱 공부가 좋아진다. 공부하는 머리로 바뀌면서 공부가 그전보다 속도감 있게 진전되고 더불어 공부가 더욱 좋아진다. 그러다 보면 어느 순간 스트레스를 푸는 방법으로 공부나 독서를 하는 경지에까지 이를 수 있을 것이다.

심지어 하늘로부터 부여받은 달란트, 재능이 중요하다는 예술가들조차 '재능은 개나 줘버려라'고 말하는 사람이 많다. 성공한 예술가들 역시 남모르는 피나는 노력을 통해서 그 경지에 올랐기 때문이다. 노력은 배신하지 않는다. 공부는 하는 만큼 늘고, 할수록 잘하게 된다. 할수록 하고 싶게 된다. 따라서 우리는 뇌 가소성, 내면의 무한한 가능성을 의미하는 허령통철을 믿을 필요가 있다.

1 자사(子思, BC 483?~BC 402?): 공자의 손자로 사서삼경의 하나인 《중용》의 저자로 알려져 있다.

2 동자(董子, BC 176?~BC 104년): 동중서를 이른다. 중국 한나라 초기 유학자로 3년 동안 장막을 치고 들어앉아 공부하며 제자를 가르쳤다고 한다. 중국이 유교를 국교로 삼은 데는 동중서의 공이 컸다고 전해진다.

3 여씨(呂氏, 1046~1092년): 여대림(呂大臨)은 송나라 사람으로 여씨향약을 만든 여대균(呂大鈞)의 동생이다. 장재에게서 수업하였고, 장재 사후에는 이정(정이, 정호)에게서 사사하였다. 박학다식하였고 문장이 뛰어났다. 사량좌, 유초, 양시와 함께 정자(程子) 일가의 4대 제자로 칭송받았다.

혁구습革舊習 공부법
잘못된 옛 습관을 타파하라

앞서 '교기질 공부법'에서 이야기했던 교기질은 스스로를 공부하는 기질로 바꿔야 한다는 것인데, 구체적으로는 자신에게 내재한 무한한 능력을 믿고, 과거에 지녔던 나쁜 습관을 떨쳐버리며, 좋은 태도를 지속적으로 훈련하여 새로운 사람으로 거듭나야 한다는 내용이었다. 물론 이를 위해서는 극기복례와 같이 자신을 갈고닦는 상당한 노력이 뒤따라야 한다.

그렇기에 교기질을 완성하기 위해서는 과거 악습을 타파하는 혁구습(革舊習)과 스스로를 좋은 것으로 채우는 수신(修身)의 과정이 반드시 필요하다. 그래서 '혁구습 공부법'과 '구용구사 공부법'에서는 혁구습과 수신에 대해 중점적으로 알아볼 것이다.

유혹은 이겨낼 수 있고, 본성은 지켜낼 수 있다

과거의 나쁜 습관은 마치 코끼리 쇠사슬과 같은 것이다. 서커스단에서는 코끼리를 훈련할 때 어렸을 적부터 쇠사슬로 발을 묶어둔다. 어린 코끼리는 쇠사슬에서 벗어나려고 애쓰지만 힘에 부쳐 벗어날 수가 없다. 몇 번 시도하다가 결국은 포기하고 만다. 한번 길들어버린 코끼리는 어른이 되어서 쇠사슬을 충분히 끊어낼 수 있는데도 이미 뇌리에 박힌 고정관념 때문에 도망가지 못한다. 그렇기에 우리는 더욱 구습을 타파할 수 있다는 믿음을 가져야 한다.

지금까지의 나쁜 습관을 타파하는 작업은 결국 자신의 선하고 바른 본성을 지키기 위한 것이다. 율곡은 《학교모범》〈존심(存心)〉편에서 외부 유혹을 이겨내고 자신의 본성을 지켜 나가는 것에 대해 이렇게 강조하고 있다.

학인은 자신의 본성을 지켜 나가야 한다. 학인이 수신하기 위해서는 내면적으로 마음을 단단하게 하여 외물(外物, 바깥 세계의 사물, 마음에 접촉하는 객관 세계의 모든 대상)의 유혹에 빠져서는 안 된다. 그렇게 해서 마음이 편안해지면 온갖 삿된 악이 물러가서 실질적인 덕이 생긴다. 따라서 학인은 먼저 정숙하게 앉아 본래 마음을 간직하여 흔들리거나 혼미해지지 않는 기틀을 세워야 한다.

이를테면 어떤 생각을 할 때도 반드시 선악의 기미를 잘 살펴

선일 경우에는 올바른 이치를 궁리하고, 악일 경우는 싹을 잘라 본래 마음을 간직하여 본성을 기르고, 성찰하는 노력을 지속하면 자신이 행하는 모든 언동이 올바른 이치와 마땅한 법칙에 어긋남이 없을 것이다.

자신을 둘러싼 무리, 즉 외물이 올바른 것이 아니라면 그 무리가 아무리 자신을 비난하고 조롱한다 해도, 자신의 뜻을 지켜 학문의 길로 일로매진해야 한다. 그것이 바로 진정한 용기며, 혁구습이다.

혁구습과 관련하여 공자는 나이대별로 공부를 가로막는 유혹에 대해 이렇게 정리한 바가 있다.《논어》〈계씨(季氏)〉편에 나오는 내용이다.

공자는 말하기를, 군자는 세 가지를 경계해야 한다. 어린 시절(청소년기)에는 혈기가 아직 정해지지 않았으므로, 색욕을 경계해야 한다. 자라서는(장년에는) 혈기가 왕성하므로, 다투는 것을 경계해야 한다. 늙어서는(노년에는) 혈기가 이미 쇠했으니 물욕에 빠지는 것을 경계해야 한다.

이처럼 인간은 혈기의 강약에 따라서 갖은 욕심이 생겨나니 이것은 모두 학문하는 데 방해가 되는 것들이다. 우리 자신의 혈기에 좌우되어 갖은 욕망이 부리는 유혹에 빠지는 일이 없어야, 본성을 지켜나가 목표한 학문의 공을 이룰 수 있다.

옛 습관을 죽여야 지금의 내가 산다

혁구습이란, 과거의 잘못을 상세히 더듬어 살펴 고치고 혁신하는 것이다. 혁신한다는 것은 결코 쉬운 일이 아니다. 여기에는 과거를 끊어내겠다는 과감한 결단과 실천적 용기가 필요하다.

공자도 배움을 견고하게 하기 위해서는 좋은 벗을 만나는 것과 더불어 과거의 잘못을 고치는 실천적 용기가 중요하다고 강조했다. 《논어》〈학이(學而)〉편에 나오는 말이다.

> 군자가 신중하지 않다면 위엄이 없고 배워도 견고하지 못하다. 따라서 충(忠, 충직한 마음)과 신의를 위주로 하고, 자기 자신보다 못한 사람을 친구로 삼지 말아야 하며, 과오가 있은즉 고치는 것을 꺼리지 말아야 한다.

율곡은 적극적으로 고쳐 나가야 할 과오, 즉 구습에 대해 하나하나 예를 들어가면서 확실하게 타파하라고 이야기한다. 이때 무엇보다 중요한 것은 작은 것 하나라도 먼저 실천하는 것이다.

경상북도 안동에서 병원을 운영하는 의사이자 《시골의사의 아름다운 동행》, 《시골의사의 부자경제학》 등 베스트셀러를 저술한 작가로 더 유명한 박경철 원장은 《자기혁명》이라는 책과 강연을 통해 자꾸 결심만 하지 말고, 뭔가 작은 것 하나라도 바꿔보라고 조언한다. 당장 아침에 10분이라도 일찍 일어나고 자기 전에 30분이라도 책을 읽으라는 것이다. 그렇게 일상생활에서 작은 실천을 통해 몸소 느끼는 것이 바로 변화의 시작이다. 혁구습과 관련한 다음 조항들을 보면서 자신의 삶을 되돌아보고 지난 과오와 나쁜 습관을 작은 것 하나라도 바꿔보려는 노력을 기울여보자.

《격몽요결》〈혁구습〉편의 내용이다.

사람이 비록 학문에 뜻이 있어도, 능히 맹렬히 앞으로 나아가 성취하지 못하는 것은 구습, 곧 옛 버릇이 가로막아 방해하기 때문이다. 구습 조목들을 여기에 열거하니 힘써 통렬하게 끊어버리지 않는다면, 끝내 학문의 기반을 마련하지 못할 것이다.

1. 마음이 타성에 젖어, 몸가짐을 마음대로 하고 단지 한가하고 편안하려고만 하고, 구속을 극히 싫어하는 것이다.

2. 항상 움직이고 돌아다닐 생각에 빠져 안정을 지키지 못하며, 분주히 드나들면서 이야기로 세월을 보내는 것이다.

3. 한 무리에 속하는 것을 좋아하고 혼자 다른 것을 미워하여 풍속과 시류에 휩쓸리며 잠깐 공부를 하려는 마음이 생기다가도 어울리는 무리에서 멀어질까 두려워 그 마음을 행동에 옮기지 못하는 것이다.

4. 문장으로 당대에 명예나 얻으려고 애쓰니, 남의 글을 훔쳐서 겉모양만 꾸미는 것이다.

5. 필찰(筆札, 붓과 종이)에나 공을 들이고, 음주가무를 업으로

삼아 노는 것으로 세월을 보내면서 스스로 때 묻지 않았다고 자위하는 것이다.

6. 한량들을 불러 모아 바둑이나 즐기고 종일 음식이나 배부르게 먹으면서 내기를 하거나 다투는 것이다.

7. 부귀를 동경하고 빈천함을 깔보고 싫어하며, 해진 옷과 거친 음식을 심히 수치로 여기는 것이다.

8. 욕심을 따라 즐기는 것을 좋아하여 능히 재물, 이익, 노래와 여색을 단절하거나 제압하지 못하는 것이다.

습관이 마음에 해를 끼치는 것들을 나열하였다. 나머지는 일일이 다 열거하기 어렵다. 이런 유의 버릇들이 사람들이 품은 뜻을 견고하게 하지 못하고, 행실을 돈독하게 하지 못하게 만든다. 오늘 한 일을 내일 고치기 어렵고 아침에 후회한 일을 저녁에 다시 한다. 반드시 큰 분발심과 용맹스러운 뜻을 일으켜, 장수가 나무 밑동을 단칼에 잘라내듯 마음을 맑게 씻어 추호의 남김도 없게 해야 한다. 시시때때로 늘 깊이 반성하는 공이 있다면, 지난 오욕에 물든 습관을 한 점도 남김없이 씻어낼 것이니 가히 진학(進學, 학문의 길에 나아가 배움)의 공부를 논할 수 있을 것이다.

　명료한 내용이라 이해하기 어렵지 않지만 율곡이 언급한 구습 조목들 중 일부를 다시 살펴보면, 첫째 항목으로 구속을 극히 싫어하는 것에 대한 경계를 다루었다. 구속은 모두 나쁜 것이라는 인식이 있는데, 공부할 때는 적당한 구속이 필요하다. 자기 자신이 스스로 지키기로 한 약속이나 규칙도 일종의 구속이다. 구속력을 느끼지 못하는 것이 문제일 뿐이다. 성장통은 늘 있는 법이니 공부에도 적당한 구속은 발전을 위한 밑거름이 된다.

또 공부든 일이든 간에 우리나라 문화에서는 남의 눈치를 보느라 올바른 일, 마땅히 해야 할 일을 못하는 경우가 많은데, 그런 의미에서 셋째 항목은 숙고해볼 만한 대목이다. 율곡의 가르침을 곱씹어보면서 자신에게 해당하는 내용은 없는지 내가 가지고 있는 학문의 병통과 유사한 것은 없는지 내가 혁파해야 할 구습은 무엇인지 철저하게 되돌아보는 시간을 가져보자.

변화 속으로 뛰어드는 용기

혁구습의 적극적인 의미는 단지 본성을 지키고, 과거의 악습과 단절하는 것으로 끝나지 않는다. 좀 더 발전시키면 과거의 구태를 벗는 것은 물론, 주도적이고 적극적으로 변화에 나서는 것이다. 사람들은 대체로 타성에 젖어 변화를 두려워한다. 심지어 죽음보다 변화를 더 두려워하는 게 인간이다. 하지만 변화하지 않고 살아남을 수 있는 사람은 없다.

독수리의 어떤 종은 늙으면 고원으로 올라가 낡은 부리와 발톱을 바위에 부딪혀 고통스럽게 벗겨 내서 새 부리와 발톱이 자라나게 만든다고 한다. 그런 고통을 겪어야만 다시 먹이를 사냥할 수 있는 것이다.

자신에게 특별한 과오가 없더라도 꾸준히 변화해야 하는 게 우리네 삶이다. 세상 물결에 적극 반응하고 변화하지 않는다면 새로운 세상에 적응할 수 없다. 변화에 소극적이어서는 곤란하다. 세상이 변화를 강요하기 전에 내가 먼저 촉각을 곤두세우고 변화에 민감하게 반응해야 한다. 물론 과거의 습관이 나쁜 것이라면, 악습이라면 더욱 그렇다.

〈뉴욕타임스〉 선정 최고 베스트셀러상을 수상하는 등 세계적으로 영향력이 높은 작가 스펜서 존슨의 《누가 내 치즈를 옮겼을까?》는 우리나라에서도 큰 인기를 끈 작품이다. 많은 이들이 읽어보았겠지만, 이 책에서 제시하는 핵심 내용은 단순하다. 변화해야 살아남는다는 것이다. 안주하는 것보다 변화하는 게 더 안전하다는 것이다.

공부도 마찬가지다. 만약 자신이 활용하고 있는 학습 이론 혹은 학습 방법이 성과로 이어지지 않는다면 이제는 과감하게 변화를 시도해보아야 한다. 새로운 학습 도구, 새로운 학습 내용, 변화하는 이론들에 대해 적극적으로 반응해야 한다.

작은 변화가 큰 결과를 낳을 수 있다. 이 책을 읽는 순간 어쩌면 독자 여러분에게 변화는 이미 시작되고 있는지도 모른다. 변화라는 물결 속에 놓인 새로운 나를 발견해보자. 악습에 얽매인 고통스러운 상황에서 벗어나 새로운 나로 거듭날 필요가 있다. 과거의 틀에 갇힌 나에게서 벗어난다면, 공부는 물론이고 내 삶도 바뀔 것이다.

뜻을 올바르게 세우고, 공부하는 기질로 바꾸며, 나쁜 습관에서 벗어났다면, 이제는 '새 술은 새 부대'라는 말처럼 공부를 위한 좋은 기운과 좋은 습관으로 나를 채우는 '수신'을 시작해야 한다. '구용구사 공부법'에서는 바른 습관을 만들기 위해 새로운 태도를 갈고닦는 수신 공부법에 대해서 생각해보자.

구용구사九容九思 공부법
옛 습관의 자리를 수신으로 채워라

'혁구습 공부법'에 이어 말하자면, 혁구습은 바뀌기 전 습관에 대한 것이고, 수신 공부법은 바뀌고 난 후 습관에 대한 것이다. 여기서 말하는 습관은 다른 말로 표현하면 학습에 대한 태도라 할 수 있다. 그리고 학습에 대한 올바른 태도와 습관을 가지려면 수신 공부법을 실천해야 한다.

우리나라의 대표적인 교육 기업으로 손꼽히는 메가스터디의 손주은 회장도 공부 태도를 중시했다. 손 회장은 특히 공부할 때 앉는 자세를 매우 중요하게 생각했는데, 비스듬히 눕듯이 앉는 학생과 의자 안쪽에 엉덩이를 바짝 붙이고 정확한 자세로 앉는 학생이 있다면 둘의 학업 성과는 확연히 차이가 난다는 것이다. 손 회장의 지론에 따르면 공부는 엉덩이로 하는 것인데, 전자처럼 비스듬히 눕듯이 앉아서는 오래 앉아 있는 것 자체가 불가능하다. 실제로 잘못된 자세는 공부를 오랜 시간 할 수 없게 할 뿐만 아니라 건강까지 망가뜨린다. 건강이 망가져가는데 어떻게 공부를 제대로 할 수 있겠는가?

한편, 공부하는 장소를 자주 바꾸면 공부가 잘된다고 하는 학생들이 있다. 얼핏 이는 앞서 손 회장의 엉덩이로 공부한다는 지론과 맞부딪치는 것처럼 보인다. 하지만 공부하는 장소를 바꾸는 것은 자신만의 고유한 학습 스타일이니 별문제가 되지 않는다. 엉덩이로 공부한다는 것은 충분한 시간을 지속해서 공부한다는 의미일 뿐이다. 한 시간마다 공부하는 장소를 바꾸는 게 본인에게 잘 맞는다면 그것도 좋다. 중요한 것은 언제 어디서든 바른 자세로 공부해야 한다는 것이다.

바른 언행을 익히고 습관화하는 것은 시대를 막론하고, 사회적으로 큰 장점이 된다. 예를 들면 자신의 진심을 조리 있게 솔직히 말할 수 있다는 것은 장점이다. 형식 면에서 어떤 사람은 욕설을 섞어서 말하고, 어떤 사람은 그렇지 않다면 누가 더 호감을 얻겠는가? 전자가 아무리 논리적으로 진솔하게 말한다 해도 사람들에게 거부감을 줄 것이고 그 주장과 논리는 평가절하될 것이다. 이렇듯 매사에 바른 태도를 가지는 것은 강점이 될 수 있으며, 학문에서는 더욱 그렇다.

그렇다면 지금부터 율곡은 수신과 학습 태도에 대해서 어떤 입장으로 어떤 주장을 펼쳤는지 살펴보자.

공부에 대한 예의, 몸가짐은 바르게 자세는 꼿꼿이

율곡은 절도 있는 유학자의 자세로 스스로 도학군자(道學君子)다운 풍모를 지녔으며, 공부하는 태도를 매우 중시했다. 율곡을 중종대 유명한 대신이었던 조광조의 현신이라고 말하는 이들이 많았는데, 조광조처럼 항상 몸가짐을 바르게, 자세를 꼿꼿이 하고 공부를 해서 그런 말이 나온 것이다.

율곡은 학인이 지녀야 할 자세를 이야기할 때, 앉을 때는 손을 모아 단정히 앉고, 걸음걸이는 침착하게 걸으며, 말은 신중하게 하고 일거일동을 경솔히 하지 말라고 했으며 실제로 자신의 생활 태도를 이같이 실천했다. 현대인들이 이 자세를 엄격하게 지키기는 어렵겠으나 절도 있고 신중한 태도가 정신 집중에 도움이 되는 것은 부정할 수 없는 사실이다.

율곡은 방만한 마음을 모아 집중해야 제대로 학문을 할 수 있는데 그리하려면 태도를 올바르게 하는 것이 필수적이라고 생각했다. 그중에서도 공자가 말한 아홉 가지 바른 몸가짐과 아홉 가지 생각을 의미하는 구용(九容)과 구사(九思)를 강조했다(구용은《예기》〈옥조玉藻〉편, 구사는《논어》〈계씨〉편). 구용은 몸과 마음을 가다듬는 지침으로 좋고, 구사는 학문을 진전시키고 지혜를 높이는 데 적절하고 필요한 태도라고 역설했다.

구용이란, 발걸음은 무겁게, 손모양은 공손하게, 눈은 단정하게, 입은 멈추며, 소리는 정숙하게, 머리는 곧추세우며, 기운은 엄숙하고 정중하게, 서 있을 때는 덕스럽고, 낯빛은 가지런하게 한다는 것이다. 구사는 좀 더 구체적인데 다음과 같다.

1. 시사명(視思明) : 보는 것을 밝게 보려고 생각한다. 사물을 볼 때 가리는 것이 없으면 밝아서 보이지 않는 것이 없다.

2. 청사총(聽思聰) : 듣는 것을 총명하게 들으려고 생각한다. 들을 때 막힌 것이 없으면 밝게 들리지 않는 바가 없다.

3. 색사온(色思溫) : 낯빛은 온화하게 할 것을 생각한다. 얼굴은 펴서 화합하는 기운이 들게 하고, 분노하고 화내는 기운이 없게 한다.

4. 모사공(貌思恭) : 용모를 공손하게 할 것을 생각한다. 한 몸의 거동과 형상에 단정함과 가지런함이 있어야 한다.

5. 언사충(言思忠) : 말은 충성스럽게 할 것을 생각한다. 한번 말할 때는 그 말에 신의가 있어야 한다.

6. 사사경(事思敬) : 일은 공경스럽게 할 것을 생각한다. 하나의 일을 계획해서 진행할 때는 경건하고 조심해야 한다.

7. 의사문(疑思問) : 의심되는 바는 물으려고 생각한다. 마음에 의심되는 바가 있으면, 반드시 먼저 알아차리고 환히 아는 사람에게 나아가 물어서, 모르는 것을 그대로 두면 안 된다.

8. 분사란(忿思難) : 분노가 일어날 때는 난관이 닥쳐올 것을 생각한다. 분노가 있다면, 스스로를 이겨내는 이치로써 반드시 뉘우치고 고쳐야 한다.

9. 견득사의(見得思義) : 이익을 볼 때는 반드시 의로움을 생각한다. 재물을 만났을 때, 반드시 의로운 이익인지 밝게 판단하라. 의로움에 합당하다는 판단이 들고 난 연후에 이익을 취해야 한다.

부연해서 살펴보면, 서두에 보고 듣는 것이 가리고 막힘이 없다는 것은 일단 배우는 학생이라면 자신만의 편견, 고정된 관점에서 벗어나 열린 마음으로 보고 들어야 한다는 것이다. 우리가 머리가 좋다는 의미로 말하는 '총명'이란 말은 귀 밝을 총(聰), 눈 밝을 명(明)으로, 잘 보고 잘 듣는 것이다. 좋은 머리와 영리함을 얻으려면 잘 보고 잘 들어야 한다는 것을 강조한 말이다.

얼굴빛을 펴고, 용모를 단정히 하는 것은 입사 시험을 볼 때 흔히 접하던 글귀다. 인상이 좋고 용모가 단정하면 지위 고하를 막론하고 누구나 좋은 느낌을 받는다. 그런 모습은 어느 날 갑자기 되는 것이 아니라 평소에 훈련해야 가능한 것이다.

'언사충'은 말을 충성스럽게 하고 믿음이 있어야 한다고 했는데, 율곡은《학교모범》에서도 '신언(愼言)'이라 하여 특히 말을 가려 하는 게 중요하다고 강조했다.

신언(말을 삼감)이 중요하니 학인이 유생의 행실을 닦으려면 반드시 언어를 삼가야 한다. 사람이 저지르는 실수는 흔히 언어에서 나온다. 말은 반드시 정성스럽고 믿음직하게 해야 하며, 시기에 적절해야 한다. 긍정하거나 승낙하는 것은 신중히 하고, 말투를 정숙히 하고, 농담은 삼가고 시끄럽게 말하지 않는다.

문장에 도움이 되며, 올바른 이치에 부합하는 말을 하고, 귀신 이야기같이 시정배들이나 하는 황당하고 조잡하고 괴이한 비루한 이야기로 세월을 보내거나, 정국과 시사에 관한 일을 함부로 부질없이 논하거나, 사람이 지닌 장단점을 서로 비교하거나 하는 것들은 모두 공부에 방해되는 일이니 일체 경계해야 할 것이다.

'의사문', 즉 의심이 되는 것은 즉시 물어야 하고 모르는 것을 그대로 두면 안 된다는 것은 실질적인 공부 방법에 대한 것이다. 율곡은 실제로 퇴계 선생을 만나 의문이 드는 점에 대하여 즉시 수차례 물어본 바가 있다.

'견득사의'도 충분히 되새겨볼 만한 내용이다. 요즘 정치인들을 보면, 의롭지 못한 재물을 받아 망신을 당하거나 곤욕을 치르는 경우가 많다. 공부만 잘하면, 당장 눈앞에 닥친 이익만 얻으면 무슨 일이든 할 수 있다는 사고방식을 가진 사람들이 많은 현대사회에 견득사의는 곰곰이 씹어봐야 할 내용이다.

인간은 사회적 동물이다. 우리나라를 동방예의지국이라 하지만 이제는 더 이상 예전처럼 언행에 제약이 많이 따르는 사회가 아니다. 하지만 사회가 아무리 자유롭다 해도 스스로 삼가는 태도를 취하지 않으면 알게 모르게 남들에게 피해를 주게 되고, 결국 가장 큰 피해는 자기 자신에게 돌아온다는 것을 기억해야 한다. 결국, 인생이란 올바른 원칙과 상식에 의해 움직여야 하고, 이는 공부에도 마찬가지로 적용되어야 한다.

율곡은 학생들을 교육하는 가장 기본이 되는 책인《격몽요결》에서 태도와 생각을 바로잡을 것을 절대적으로 강조했다. 수신이 잘된 사람은 학문, 곧 공부를 잘할 수 있으며 자기 자신도 이 규율에 따라 공부하여 좋은 성과를 거두었으니 율곡의 구용과 구사는 어떠했는지 살펴보자.

사계 김장생이 〈율곡행장〉을 통해 전하는 율곡의 평소 태도다.

선생은 하늘로부터 받은 품성이 고결하여 충성스럽고 덕이 두터웠으며, 편안하고 공손했다. 용모와 거동이 수려하고 정신과 풍채가 사람에게 울림을 주었다. 말은 법도가 있고 행동은 한결같았다. 너그러우면서도 절제가 있고, 화합하되 절도가 있었다. 기쁘고 성내는 것을 얼굴빛에 드러내지 않고, 질책하는 소리를 입 밖에 크게 발설하지 않았다. 걸음걸이와 행동이 법도에 상세하여 누구나 한 번 보면 선생이 도학군자인 줄 알았다.
학문을 할 때는 마음을 수렴하여, 본성을 기르는 것으로 근본을 삼되 늘 고요하고 정숙함을 위주로 하였다.

매일 새벽에 일어나 의관을 정제하고, 사당에 분향(焚香, 향을 피움)하고, 배알한 연후에, 물러나 서실(書室)에 앉아 경전을 읽었는데 특히《주자대전》을 좋아했다. 일찍이 위에 질환이 있어 독서를 할 때 소리 내는 것을 좋아하지 않았지만, 만약 이치가 스스로 얻어지는 곳을 만나면 기뻐하며 낭독하였다.

매일 새벽부터 저녁까지 반드시 하는 일이 있었다. 하나는 독서와 사색이며, 하나는 벗을 만나 강론하는 것이며, 하나는 사물(事物)을 응접하여 일 처리를 하는 것이다. 병이 있는 경우가 아니면 침실에 눕지 않았고, 도리를 강설할 때는 미세하고 정밀하였는데, 선유(先儒, 선대 유학자)가 밝히지 못한 도리를 밝힌 것이 많았다.

율곡은 이처럼 개인적인 수양과 공부를 연결지어 생각했고, 그 철학을 바탕으로 올바른 태도를 매일 습관화해 학문의 경지가 날로 일취월장하였다. 그 결과 선대 학자들이 미치지 못한 경지까지 이르고 새로운 도리를 밝힐 수 있었다.

근독, 홀로 있을 때 더욱 삼가다

바른 태도를 습관화하여 공부하는 체질로 바꾸는 수신에서, 한 가지만 더 강조하고자 한다면 '근독'(謹篤, 조심성이 있고 독실함)을 들 수 있다.

율곡이 〈자경문〉에서 거듭 말했듯이, 근독의 중요성은 아무리 강조해도 지나치지 않다. 오죽했으면 모든 악이 근독하지 않는 데서 생겼다고 했겠는가? 남들이 보지 않는 곳에서도, 누군가 뭐라 하지 않아도, 스스로 정한 규율에 따라 일관된 태도를 유지하고 스스로 단속하는 게 바른 습관을 기르는 지름길이다.

《대학》에서는 '자겸'(自謙, 스스로 겸손함)이라는 개념으로 근독을 설명하니 살펴보자.

그 뜻을 성실히 한다는 것은 스스로 속이지 않는 것이다. 악을 미워하기를 악취를 싫어하는 것과 같이 하며, 선을 좋아하기를 색을 좋아하는 것처럼 해야 한다. 이를 '자겸'이라 하니, 군자는 반드시 혼자 있을 때 삼가는 것이다.

소인은 한가롭게 혼자 있을 때 선하지 못한 일을 하여 모든 짓을 거리낌 없이 하다가 군자를 보고 나서 그 선하지 못함을 숨기고, 선함을 보이려고 애쓴다. 남들이 자신을 보는 것을 자신의 폐와 간을 들여다보는 것처럼 해야 한다. 이리하면 어떤 이익이 있을까? 대답하자면, 중심에 성실함이 있으면 겉모습으로 나타나는 법이니 군자는 반드시 혼자 있을 때 삼간다.

근독은 이같이 사람의 내면에서부터 외양까지 변화시키니 수신의 핵심 수단 중 하나가 되는 것이다.《맹자》에는 근독과 관련 있는 재미있는 일화가 나온다.

제나라에 아내와 첩을 둔 사람이 있었다. 이 사람은 출타하면 항상 고기와 술을 배부르도록 먹고 귀가하였다. 아내가 누구와 이렇게 많이 먹었느냐고 물어보면, 하나같이 부귀한 사람들이 었다.

아내가 첩에게 말하였다.

"남편이 밖으로 나가면 고기와 술을 넘치도록 먹고 들어오고, 함께 음식을 먹은 사람들은 다 부귀한 사람들이다. 그런데 왜 우리 집에는 그런 사람들이 한 번도 찾아오지 않는 것인가? 내 가 한번 직접 따라가 보겠다."

아내는 아침 일찍 일어나 몰래 남편을 따라나섰다. 그런데 나라 안 어디를 가도 남편에게 먼저 말을 거는 사람이 없었다. 마침 동쪽 성곽 묘지 근처로 가더니 제사 지내는 사람에게 남은 음식 을 구걸해서 먹고, 여기저기 둘러보며 다른 곳으로 쏘다녔다. 이것이 음식을 배부르도록 먹는 방법이었다.

아내가 집으로 돌아와 첩에게 애처롭게 말하였다.

"모름지기 남편이란 평생 우러러보며 살아야 할 사람인데, 우리 남편이 이런 사람이었네."

아내와 첩은 끝내 부둥켜안고 울었다. 남편은 이 사실도 모른 채 집으로 돌아와 아내와 첩에게 여전히 교만하게 굴었다.

《맹자》에 따르면 군자 눈으로 볼 때는 사람들이 헛되이 부귀영 달과 이익을 구하는 것이 이 남편이 하는 것과 조금도 다를 바 없다는 것이다. 거짓말하고 탐욕에 빠져서 이익을 구하며 혼자 숨어서 하는 떳떳하지 못한 행동을 자신만 모를 것이라 생각할 뿐 대다수가 알고 있다.

공부가 가진 속성도 그렇지만, 수신도 양지에서나 음지에서나 하나의 흐름으로 이어져야 진정한 자기 것, 자신의 체질이 되는 것이다. 공부하는 사람이 반드시 근독하여 후일에 입을 화를 방지하고, 수신에 완성을 기해야 하는 이유가 여기에 있다.

율곡의 수신 공부법을 크게 정리해보면 다음 세 가지다. 첫째, 단정한 태도와 용모를 유지하는 것이 정신 집중에 도움이 된다. 둘째, 바르게 생각하는 습관이 지혜를 고양한다. 셋째, 홀로 있을 때 삼가는 습관을 들여야 꾸준히 공부할 수 있다. 덧붙여 사회생활을 할 때도 수신하는 자세로 정밀한 도리를 다하여야 한다.

끝으로 율곡이 말한 수신하는 학습법의 핵심을 찾아보면, 수신이란 결국 일상생활을 가다듬어서 공부를 잘할 수 있도록 몸과 정신을 건강하게 하고, 누군가에게 의지하지 않고, 자기 자신이 중심이 되어 바른 습관으로 생활하기 위한 것이다.

EBS에서 취재 결과를 책으로 엮은 《학교란 무엇인가》에 따르면, 학교에서 최상위 성적을 유지하는 아이들의 공통점을 살펴보니, 의외로 보통 아이들과 별다른 점이 없었는데, 가장 독특한 점은 아침 식사를 꼭 했고, 주변에 자기 의견을 털어놓을 친구가 있다는 것, 절대적인 학습 시간은 그리 많은 차이가 나지 않았지만, 하루 4시간 이상 자기 스스로 공부하는 시간을 갖는다는 것이었다.

아침 식사는 두뇌 건강에 필수적인 요소며, 좋은 친구는 정신 건강에 좋다. 그리고 학습은 강사나 학원 등 사교육에 의지하기보다는 주체적으로 하는 것을 공부의 기본 골격으로 삼았다. 이렇게 바른 생활을 할 수 있는 기본 틀이 잡혀 있어야 좋은 성적을 기대할 수 있는 것이다. 나쁜 습관을 버리고 좋은 습관으로 공부에 대한 기본 틀을 세우는 것, 그것이 바로 수신 학습법의 요체다.

금성옥진金聲玉振 공부법
배수의 진, 절박한 심정으로 끝까지 가라

율곡이 세상이 깜짝 놀랄 만한 탁월한 성적을 낼 수 있었던 핵심적인 이유 가운데 하나는, 율곡이 처한 위기 상황이다. 공부의 성과인 성적은 결국 누가 더 절실한가에 따라 좌우된다. 누군가의 뜻에 의해서, 혹은 남에게 잘 보이기 위해서가 아니라 자신이 정말로 공부를 해야겠다고 달려들면, 그 공부는 이미 반 이상 성취한 것이다. 유능한 사교육 교사나 강사들이 실질적으로 공부 내용만큼이나 성취동기를 강조하는 게 이 때문이다. 성취동기가 자극되지 않는 학생은 아무리 쉽게 잘 가르치는 선생이 24시간 365일 붙어 있어도 성적이 오르는 데 한계를 보이는 법이다.

성취동기가 자극받기 위해서는 절박함이 있어야 한다. 이를테면 전쟁터 같은 상황이다. 전쟁터에 서 있는 자는 두려움을 느끼고 절박한 심정이 된다. 그리고 그 절박한 심정은 초인적인 힘을 발휘하게 만든다. 공부할 때도 이런 절박함이 필요하다.

콤플렉스 사용설명서

앞서 말한 '자신의 전생은 김시습이요, 이 세상에서는 도로 가낭선이 되었다'는 율곡의 시구는 당시 유생들의 공격을 받기에 충분했다. 서애 유성룡의 《운암잡록》 외에 《조선왕조실록》에도 이 부분에 대한 언급이 나온다. 1564년 8월 30일자 《조선왕조실록》을 보자.

> 이이는 인품이 총명하고 민첩했으며, 박학하고 기억력이 좋았다. 글을 잘 지어 명성이 일찍부터 드러났다. 한 해에 사마시와 문과 두 시험에 장원으로 뽑혀 세상 사람들이 영광스럽게 생각했다. 다만 소년 시절에 아버지의 첩에 시달림을 당하여 집을 나가서 산사를 전전하며 동가식서가숙하다가 오랜 시간이 지나서 돌아왔다. 머리카락을 자르고 중이 되었다는 풍문이 돌기도 했다.

이 풍문으로 인해 율곡은 성균관 유생들로부터 지탄의 대상이 되었다. 율곡이 1564년(명종 19년) 사마시에 장원으로 합격하고 나서 문묘에 배알하려 하자, 성균관 유생들이 일제히 율곡의 성균관 입성을 가로막았다. 율곡이 한때 중이었다는 이유에서였는데, 아마 연이어 장원급제한 율곡에 대한 질투심, 자신들은 순수한 혈통의 유생이라는 자긍심, 동류의식 등이 복합적으로 작용한 결과였을 것이다.

그 사건으로 인해 율곡과 함께 급제한 선비들도 벽송정(碧松亭, 성균관 북쪽에 있었던 정자)에 앉아서 밤이 깊도록 성균관에 들어가지 못했다 한다. 그런데 율곡은 조금도 부끄러워하는 낯빛을 보이지 않고, 담소하고 웃는 것이 태연하였다. 결국, 성균관 박사 권문해(權文海)가 여러 유생을 설득하고 강권하여 해산시켰으니 종내에는 성균관에 들어가 배알의 예를 행하고 나올 수 있었다.

유교가 국교나 마찬가지였던 당시 사회 분위기에서 불교는 이단에 해당한다. 따라서 한때 금강산에 들어가서 불교를 공부하고 선정에 들었다는 것은 종교적으로나 정치적으로 마녀사냥을 당하는 근거가 될 수 있었다. 따라서 율곡 사후에도 금강산에서 머리카락을 잘랐느냐는 문제로 율곡 제자들과 다른 유생들이 심한 논쟁을 벌이기도 했다.

율곡은 이미 장원급제한 상태였고, 본래 호방한 성품을 가지고 있었기에 태연하게 보였다지만, 실제로는 마음고생이 상당히 따랐을 것이다. 당시 불교에 몸담았다는 것은 현대 사회적 이슈에 비견하자면 한때 종북좌파였다는 꼬리표가 붙는 정도의 심각한 문제였다.

그랬기에 율곡은 이 문제에 대해 먼저 주위 사람들에게 수차례 반성의 뜻을 비쳤다. 퇴계 선생에게 보낸 편지에서도 금강산에 들어가서 불교에 심취했던 과거에 대해 반성하는 심경을 밝혔다. 이

부분에 대해서 퇴계는 자신의 잘못을 고치려는 자는 함께 도의 길로 나아갈 수 있는 사람이라고 위로한다.

자네가 이전에 저지른 잘못을 깨달아 고칠 줄을 알고, 궁리(窮理, 이치를 연구함)와 거경(居敬, 주자학의 학문 수양 방법 중 하나)[1]의 실체를 알게 되었으니, 가히 잘못을 바로잡는 데 용감하고 도(道)로 나아가는 데도 진취적이어서 향도(向道)가 밝다. 성현의 말이 멀어지고, 이단이 진리를 혼란스럽게 하여, 총명하고 재주가 출중한 옛 선비들도 이단에 빠진 자가 많았다.

정백자, 장횡거, 주회암 같은 선생들도 처음에는 이단에 조금 출입하였다가 얼마 후에 그 잘못을 깨달았다. 천하를 아우르는 큰 지혜와 뛰어난 용맹이 아니면 어찌 거대한 물결에서 벗어나 진리의 본원으로 돌아갈 수 있겠는가?

자네가 한때 불씨의 책을 읽고 조금 중독되었다기에 애석하게 여겼다. 지난번에 나를 찾아와서 그 사실을 밝히고 잘못이었다는 것을 토로했으며, 지금 두 차례 받은 편지에서도 반성하니, 족하는 나와 함께 도에 이를 수 있음을 분명히 알겠네.

율곡은 자신이 저지른 과오를 수습하는 가장 빠른 방법은 지난 허물을 부정하거나 변명하는 것보다 그 과오를 솔직하게 인정하는 것임을 정확히 알았다. 과거를 준비하던 시기에 당대 인물인 퇴계에게 그러했듯이 관직에 나간 이후 임금에게도 자신이 겪은 행적에 대해서 잘못된 점을 소상히 밝혔다. 1568년(선조 1년), 33세에 천추사(千秋使) 서장관(書狀官)으로 북경에 갔다 온 후, 그해 겨울에 홍문관 부교리에 임명되었다. 선조가 즉위한 지 얼마 되지 않은 때였는데, 율곡은 자신의 사직을 간하는 소를 이렇게 올렸다.

신이 어렸을 적 도를 찾음에 학문의 방향을 제대로 알지 못하여, 정한 바 없이 제가(諸家)의 학문을 두루 섭렵하였습니다. 그런데 시절을 잘못 만나 어머니를 일찍 여의고, 망령된 교리로 슬픔을 억누르려고 한때 불교에 탐닉하였습니다. 기름이 배고 물에 젖듯이 점점 빠져들어 선문(禪門)에 들어간 지 1년이 지났습니다.

다행히 하늘이 내린 신령스러운 은혜로 하루아침에 불교의 속이는 말과 거짓이 드러나 환하게 알게 되었습니다. 과거에 저지른 잘못을 온전히 씻어낼 길이 없어 스스로 세상에 버림받을 것이라 미루어 단정하고, 세속과 인연을 끊고 경학을 연구하고 독서하며 남은 생을 보내려고 하였습니다.

신의 아비가 신에게 글재주가 있음을 아깝게 여겨 굳이 이름이 나기를 원하였습니다. 아버지 살아생전의 뜻을 살펴 신도 어쩔 수 없이 돌이켜보니 집은 가난하고 아버지는 노쇠하였는데 봉양할 길이 없었습니다. 그래서 부끄러움을 무릅쓰고 지난 과오를 감추어둔 채 마침내 과거를 보게 되었습니다. 안타깝게도 과거에 급제하기도 전에 신의 아비가 세상을 떠났으므로 출세할 생각은 없어지고, 변변치 못한 신은 오직 몇 말의 녹봉을 받아 기아와 헐벗는 일만 면하려 하였습니다. 그런데 이렇게 높은 벼슬이 내려지고 은전을 받게 될 줄 어찌 기약이나 했겠습니까?

이에 왕은 다음과 같이 답하며 관용을 베풀었다.

예부터 기개가 높은 선비가 불교에 빠지는 것을 면하지 못하였으니, 전날 불교에 탐닉한 작은 실수를 이유로 이미 중책을 맡은 것을 경솔히 바꿀 수는 없다. 허물을 뉘우치고 스스로 새롭게 깨쳤으니 그 뜻이 칭찬받을 만하다.

율곡이 퇴계와 임금에게 말한 것을 보면, 당시 불교에 입문했던 것이 얼마나 큰 과오였고 길이 남을 주홍글씨가 될 수 있었는지를 알 수 있다. 또한 율곡 스스로도 그 일을 가슴 깊이 담아 둔 채 괴로워했음을 짐작할 수 있다. 하지만 율곡은 그런 약점에 사로잡힌 채 좌절하지 않았다.

《맹자》〈진심〉편에도 덕과 지혜와 재능을 가진 사람은 항상 병을 치르기 마련이니 외로운 신하나 서자는 항상 그 마음가짐이 위태로움을 조심하고, 환난을 염려하는 덕분에 오히려 이치에 통달하게 된다고 했다. 이 말은 결국 고난을 두려워 말라는 이야기니 선비는 이런 근거로 자신이 겪는 어려움을 자양분으로 삼고 공부하는 데 절박함이 있어야 한다. 율곡은 이단에 빠졌다는 낙인을 조개껍데기

속 돌멩이처럼 삼아 진주로 만들어냈던 것이다.

돌이켜보면 율곡이 스무 살 나이에 금강산에서 내려왔을 때의 상황은 지극히 암담했을 것이다. 계모는 여전히 상식 밖의 행동을 일삼아 가정에 분란을 일으키고 가족들과 불화했다. 아버지는 몸져누워 집안 형편은 어렵고, 본인은 1년을 넘게 방황하다 돌아와 불교에 입문했다는 낙인만 남아 출셋길이 캄캄한 상황이었다. 성혼에게 보낸 편지에서도 밝힌 것처럼 신분 제도에 가로막혀 공업이나 상업에 종사할 수 있는 형편도 아니었다.

가정이지만 만약 율곡이 과거 시험에서 그저 그런 평범한 성적을 거두었다면 선조가 그렇게 관용을 베풀었을까? 아마 일일이 상대해주지도 않았을 것이다. 퇴계가 지속적으로 문답을 받아주었을까? 성균관 유생들이 물러나도록 성균관 박사 권문해가 나서주었을까? 알 수 없는 일이다.

어쩌면 율곡이 할 수 있는 것은 오직 공부밖에 없었는지도 모른다. 그것도 적당한 성적을 내고 적당히 합격해서는 안 될 일이었다. 그랬다면 가문이 특별히 좋은 것도 아니고 지나온 이력도 깨끗지 못하니 여기저기 치이다 하급 관리로 어렵게 생계를 꾸려 나갔을 것이며, 그랬다면 가정의 평화도 얻기 어려웠을 것이다.

이 모든 상황을 타개할 방법은 공부로 크게 성공하는 것밖에 없었으니 율곡은 실로 절박한 심정으로 〈자경문〉을 쓰고 과거 준비에 돌입했던 것이다. 가난하고 불안한 가정 환경, 이단으로 낙인 찍혀 영영 구제될 수 없을지도 모른다는 강력한 콤플렉스, 율곡은 이 모든 단점을 오히려 성공의 디딤돌로 삼은 것이다.

사실 우리 주위만 둘러봐도 알 수 있듯이, 남 탓 환경 탓만 하는 사람은 공부뿐만 아니라 인생 제반사에서 좋은 결과를 내기 어렵다. 영화 〈친구〉를 보면 유오성이 옥상에서 친구에게 이런 이야기를 하는 장면이 나온다. 대략 이런 대사다.

"내가 어렸을 적에는 삼촌들이 많아서 참 좋았거든. 내가 가출을 하고 돌아왔어. 그런데 나한테 뭐라고 하는 놈이 한 놈도 없는 거야. 그때부터 내가 이렇게 비뚤어졌어."

이처럼 똑같은 상황이라도 어떤 관점으로 보느냐에 따라 다른 것이다. 율곡이 처한 상황은 객관적으로 분명히 최악이었지만 율곡은 그 상황을 오히려 발전을 위한 자양분으로 삼았다. 최악으로 치달을 수 있는 상황을 오히려 분발할 수 있는, 큰 성취를 향한 발판으로 삼고 절박한 심정으로 공부한 것, 이것이 바로 율곡의 남다른 장점이었고 장원급제의 가장 큰 비결 중 하나였다.

긴장감을 즐길 줄 아는 자

먼저 《논어》 〈술이〉편을 보자.

공자가 안연에게 말했다.

"등용되면 행하고, 버려지면 숨는다. 오직 나와 너만이 이렇게 할 수 있을 것이다."

그러자 자로가 물었다.

"선생님께서 삼군을 거느린다면 누구와 함께하시겠습니까?"

"호랑이를 잡고 강물을 건너다 죽어도 후회하지 않는 사람과는
함께하지 않을 것이다. 일에 임해서 반드시 두려워할 줄 알고,
계획을 세워서 이루는 사람과 함께할 것이다."

인용문에서 '호랑이를 잡고 강물을 건너다 죽어도 후회하지 않
는 사람'이란 구절은 두려움이나 분별력 없이 물불 가리지 않고 무
조건 달려드는 사람을 뜻한다. 자로는 용맹은 뛰어났지만 신중함이
부족했던 제자로 알려져 있다. 따라서 이 말은 은근히 자로를 훈육
하는 말이기도 했다. 하여간 이 문답을 통해 우리가 알 수 있는 것
은 두려움이 없다면, 전쟁에 이길 수 있는 절박한 마음이 생기지 않
는다는 것이다. 두려움 같은 긴장감이 있어야 절박한 마음도 생기
고 그래야 스스로 목표와 그 목표에 걸맞는 치밀한 계획도 세우고,
목표를 달성할 때까지 중도에 포기하지 않는 끈질긴 인내심도 발
휘할 수 있는 것이다.

공부할 때 역시 자로처럼 지나치게 편안한 마음가짐으로만 임
해서는 안 된다. 두려움은 주의를 경계하게 만들고 적당한 긴장감
을 조성한다. 그리고 이 긴장감이 학습에 도움을 준다. 절박한 심정
으로 적당히 하고 끝내거나 자기 합리화로 타협하려는 마음을 뿌
리쳐야 한다. 그래야 끝까지 가는 공부를 할 수 있다. 배수진이라는

말도 있지 않은가? 실패해도 돌아갈 곳이 있는 사람은 힘들면 중도에 포기하기 쉽다. 자신이 처한 상황이 위기임을 인지한다면, 방만해지지 않을 정도의 긴장감은 늘 유지할 수 있다.

경기에 임하는 운동선수, 혹은 작품을 완성해야 하는 예술가들 역시 지나치게 긴장하는 것은 도움이 안 되지만, 그렇다고 집에서 일상생활을 하듯 지나치게 편안해지는 것도 좋은 성적이나 성과를 내는 데 걸림돌이 된다고 말한다. 즉 적당한 긴장감이 가장 좋은 성과를 낸다는 것이다. 이는 공부하는 학생에게도 마찬가지다.

현대 의학에서도 뇌가 적당히 절박함을 느끼면, 곧 적절한 긴장감을 느끼면 공부가 더 잘된다고 이야기한다. 사람이 긴장하면 뇌의 대뇌피질에서 노르에피네프린이라는 호르몬이 나오는데, 이는 주의와 경계를 담당하는 호르몬으로 위기를 느끼면 집중력이 높아지게 만든다.

따라서 자신이 만약 절박한 상황에 놓이게 되었다면 전화위복의 기회로 삼고, 때로는 스스로 그런 상황을 만들어서 적당한 긴장감을 유지하는 것도 좋은 방법일 수 있다.

유수한 문학 작품을 남긴 저자이자 근래에는 젊은이들의 멘토로 유명한 이외수 작가는 긴장감을 유지하려고 방을 감옥처럼 만들기도 했다. (그 결과물이 바로《벽오금학도》라는 걸작이다!)

사람은 부족함과 결핍을 느껴야 분발하고 집중하는 존재다. 그러니 공부하는 데 필요한 모든 것이 완벽하게 갖춰지기만을 기다리지 말자. 그때부터는 오히려 잡념이나 더 즐길거리를 찾아서 나

태해질 가능성이 높다. 무엇인가 부족하고 위기에 처한 상황에서도 결핍과 긴장을 즐기며 자신이 뜻한 길로 일로매진하는 것, 그 마음가짐이야말로 자신을 지금보다 훨씬 더 높은 곳으로 끌어올려 줄 것이다.

율곡은 절박한 상황에서 긴장감을 즐기며 불리한 상황을 오히려 자신을 높은 곳으로 올려주는 지렛대로 삼은 덕분에 그 누구도 따라올 수 없는 뛰어난 성적을 낼 수 있었다.

끝까지 가는 공부의 힘

공부를 일단 시작했다면, 처음 목표한 바를 이룰 때까지 끝까지 가는 공부를 해야 한다. 무슨 일이든 그 시작과 끝을 한결같이 해야 완성되는 것이다. 《맹자》〈만장(萬章)〉편에는 '집대성'(集大成, 여러 가지를 모아 하나의 체계로 완성함)이라는 말이 나온다.

> 맹자는 말하기를, 백이는 성인 중에서 맑은 사람이었고, 이윤은 성인 중에서 일을 맡길 만한 사람이었으며, 유하혜는 성인 중에서 조화로운 사람이었다. 공자는 성인 중에서 시기에 맞춰 적절하게 행동하는 사람이었다.
> 공자를 일컬어 '집대성'이라 하니, 집대성이라는 것은 금의 소리요, 옥의 진동이다〔金聲玉振〕. 금의 소리는 시작이 조리(條理,

앞뒤가 들어맞고 체계가 있는 이치)가 있는 것이고 옥의 진동은 끝이 조리가 있는 것이다.

시작이 조리가 있는 것은 일의 지혜로움이며, 끝이 조리가 있는 것은 일의 성스러움이다. 화살을 쏘는 것에 비유하면 지혜는 기교며, 성스러움은 힘이다. 백보 밖에서 화살을 쏜다면, 화살을 이르게 하는 것은 힘이며, 적중하게 만드는 것은 기교다.

학문을 집대성한다는 것은 금성옥진(金聲玉振)[2]처럼 지혜와 성스러운 힘으로 시종일관 서로 상응하여 조리를 갖추는 것이니 백보 밖에서 쏜 화살이 과녁을 적중시키는 것과 같다. 공부를 중도에 포기하지 않고 집대성하는 방법을 통해 끝까지 나아가야 처음 목표한 학문의 과녁에 적중시킬 수 있는 것이다. 본래 '포기'라는 말은 철학적인 의미를 내포한다. 맹자가 말한 '자포자기(自暴自棄)'의 본원적 의미를 되새기며 중도에 포기하지 않는 학문의 길을 걷도록 다짐해보자.

맹자는 말하기를, 자신에게 포악하게 하는〔自暴〕 사람은 함께 말을 나눌 수 없고, 스스로를 버리는〔自棄〕 사람과는 함께 일할 수 없으니 예의가 아닌 것은 '자포'한 것이요, 의를 따르지 않아 어짊에 머무르지 못하는 것을 '자기'라 한다. 인(仁)은 사람의 편안한 집이요, 의(義)는 사람의 바른길이다. 넓고 편안한 집이 있는데 살지 않으며, 바른길을 버리고 따르지 않으니 슬프도다.

우리는 결코 스스로를 버리는 사람이 되어서는 안 될 것이다. 맹자는 공자가 처음과 끝을 집대성할 수 있는 중용의 도를 지닌 사람이었다고 말한다. 혹시 악조건이나 위기에 처해진다면, 포기해서도 안 되고 포기할 수도 없는 상황에 내몰린 것으로 생각하고, 오히려 약으로 삼아야 한다. 그런 자세를 가져야만 성취할 수 있다. 자사가 지은 《중용》에도 우리가 왜 공부를 끝까지 해야 하는지 그 중요성을 일깨우는 글이 실려 있다.

무릇 (공부하는 자는) 넓게 배우고, 자세히 묻고, 신중하게 생각하고, 밝게 분별하고, 독실하게 행하라.

배우지 않는다면 모르지만, 배운다면 아직 능히 하지 못한다 해도 포기하지 말아야 한다.

묻지 않는다면 모르지만, 물어보겠다면 아직 알지 못한다 해도 포기하지 말아야 한다.

분별하지 않는다면 모르지만, 분별하겠다면 아직 밝지 못하다 해도 포기하지 말아야 한다.

행하지 않는다면 모르지만, 행하겠다면 아직 독실하지 못하다 해도 포기하지 말아야 한다.

다른 사람이 한 번에 능하게 한다면 나는 백 번을 하면 되고, 다른 사람이 열 번에 능하게 한다면, 나는 천 번을 하면 된다. 과시(果是, 과연) 이러한 도에 능하게 된다면, 비록 어리석었어도 반드시 밝아지며, 비록 유약했어도 반드시 강해질 것이다.

남들보다 열 배 스무 배로 하는 절박한 마음가짐으로 공부한다면 어찌 성취하지 못하겠는가. 공부는 완성하는 게 중요하다. 적당히 하다가 포기할 것 같으면 차라리 시작하지 않는 게 낫다. 포기하는 자는 어쩌면 절박한 마음이 없는 것이다.

다음은 공자가 《논어》에서 한 말이다.

학문을 완성하는 것을 산을 쌓는 것에 비유하자면, 흙이 한 무더기 없어도 완성하지 못하는데, 그만둔다면 내가 그만두었기 때문이다. 평지를 닦는 것에 비유하자면, 한 무더기를 덮지 못하고 가버린다면, 내가 가버린 것이다.

옛날에 배우는 사람들은 자기 자신을 위해서 배웠다. 오늘날 배우는 사람들은 다른 사람들에게 보이려고 배운다.

공부는 다른 사람에게 보이려고 하는 것이 아니다. 당장의 성과에 연연하거나 남에게 자랑하려고 하지 말고, 남의 평가에 일희일비하지 말고, 스스로 공부가 완전히 익었다고 생각될 때까지, 그 완성을 보아 스스로 흡족한 마음을 느낄 수 있을 때까지 중도에 포기하지 말고 끝까지 달려야 한다.

절박한 마음으로 공부하는 사람은 주위 눈치를 보거나 과시욕으로 공부하지 않는다. 중도에 포기하지도 않는다. 분명한 성취동기를 갖고 전쟁터에 나서는 장수처럼 절박한 마음으로 공부하면 반드시 자신이 선택한 학문을 집대성하는 크나큰 성취를 맛볼 수 있을 것이다. 물론 시험에서도 탁월한 성적을 거둘 수 있을 것이다.

집중력, 내 공부의 승부처

앞서 호르몬에 대해서도 이야기했지만, 현대 뇌과학이 낳은 여러 성과에 따르면 절박할수록 집중력이 높아진다고 한다. '교기질 공부법'에서 언급한 것처럼 뇌 가소성에 따라 우리가 집중을 하게 되면, 뉴런의 변화에 의해 학습을 위한 신경 회로가 만들어지고 기억력도 좋아진다.

조 디스펜자가 쓴 《꿈을 이룬 사람들의 뇌》를 보면, 공부할 때 집중하는 것이 뇌과학 관점에서도 얼마나 중요한가를 알 수 있다.

주의 집중력은 의미 정보를 통해 신경망을 만들고 기억하는 데 필요한 핵심 요소다. 배우고 있는 것에 집중하다 보면 뇌에는 집중하고 있는 정보를 위한 길이 만들어진다. 반대로 현재 하고 있는 일에 완전히 집중하지 않으면 그 일을 방해하는 신경 회로가 자극된다. 주의 집중 없이는 신경 회로가 만들어지지 않고 기억도 저장되지 않는 것이다.

주의 집중의 정도가 강해질수록 뉴런들이 주고받는 신호의 강도가 강해져 신경망이 더 강력하게 활성화한다. 주의 집중은 신경 세포의 일반적인 활성화의 역치를 뛰어넘을 정도로 강한 자극을 만든다. 뉴런들 사이에 새로운 신경망이 결속되도록 촉진되는 것이다.

집중하지 않으면 오히려 방해하는 신경 회로가 자극된다는 말은, 일정 수위 이상 집중하지 않으면 신경이 팔리는 다른 쪽으로 뇌가 작동한다는 것이다. 공부하겠다고 앉아 있으면서 집중하지 않는 것은 비유하자면 노를 열심히 젓지 않는 배가 물결을 따라 전혀 다른 방향으로 흘러가는 것과 같은 경우라 할 수 있겠다.

장기 기억을 하려면 특히 집중이 중요하다는 것도 주목할 만한 점이다. 우리 중에는 어렸을 적 라디오를 켜놓고 공부했던 이들이 더러 있을 것이다. 처음에는 라디오 소리가 거슬리기도 하고 신경을 빼앗기도 한다. 그러다 공부에 점점 빠져들어 집중하게 되면 어느 순간 라디오 소리가 들리지 않게 된다. 뇌과학 이론에 따르면, 이러한 현상은 뇌가 주변 자극을 차단해서 현재 집중하고 있는 회로만을 활성화하기 때문이며, 이 덕분에 장기 기억이 형성되고 효과적인 학습 또한 가능한 것이다.

따라서 반복 학습을 통한 교기질로 공부하는 체질로 바뀌었고 수신으로 공부하는 습관과 틀을 다졌다면, 이제 절박한 심정으로 집중하는 훈련을 해야 한다.

1   거경(居敬): 늘 한 가지를 주로 하고 다른 것으로 옮김이 없이, 심신이 긴장되고 순수한 상태를 유지함으로써 덕성(德性)을 함양함을 이른다.

2   금성옥진(金聲玉振): 시나 음악의 아름다운 가락, 혹은 사물의 집대성을 말한다. 금(金)은 종(鐘), 옥(玉)은 경(磬)을 의미하기도 하는데, 이는 음악을 연주할 때 종을 쳐서 시작하고 경을 쳐서 마무리하는 데서 유래하였다. 또한 지혜와 덕성을 두루 갖춘 사람을 의미하기도 한다.

일목십행一目十行 공부법
독서는 결코 배신하지 않는다

율곡이 탁월한 성적을 낼 수 있었던 또 하나의 비결은 방대한 독서에 있다. 율곡은 어머니 신사임당의 지도 아래 어려서부터 많은 경전을 두루 섭렵했고, 어머니 삼년상을 치르면서 또다시 방대한 독서를 했다.

독서법과 관련한 공부법 책들이 많겠지만, 가장 단순하고 강력한 독서법은 쉽고 분명한 것이다. 바로, '무조건 많이 읽어라'다. 많이 읽는 데는 당해낼 장사가 없다. 그것이 큰 원칙이며 각종 독서법은 전술일 뿐이다. 독서를 많이 하는 것은 구체적인 전술에 앞서는 기본 원칙이며, 평생 공부의 가장 중요한 전략이다. 전쟁에서도 사용하는 무기가 동일하다고 했을 때, 방대한 물량 앞에서는 웬만한 전술로 이기기 어렵다.

극단적으로 이야기하면 책을 좋아해서 늘 가까이하는 사람에게는 따로 독서법을 가르칠 필요가 없다. 그런 사람들은 자신에게 맞는 독서법도 잘 찾는다. 책에 흥미가 부족하거나 절대적인 시간을 투자하기 어려운 사람들, 혹은 시간 대비 효율을 극도로 끌어올려야 하는 특수한 경우에 처한 사람들에게만 독서법이 필요한 것이다.

영국의 유능한 수상이었던 처칠은 어렸을 적 성적이 늘 꼴찌였다고 한다. 절망에 빠져 학업을 포기하려던 처칠에게 어머니는 하루 5시간씩 책을 읽으라는 처방을 내렸다. 그렇게 10년을 보낸 후 처칠은 그전과는 180도 바뀐, 영리하고 공부 잘하는 학생으로 거듭날 수 있었다. 그래서 20대에 국회 의원에 당선되고 역사에 길이 남는 위인이 되었다.

그런 면에서 어떻게든 독서 시간을 확보하는 것은 중요하다. 그리고 그러한 시간이 꾸준히 축적된다면 어느새 율곡이나 처칠처럼 훌륭한 학인으로 성장하여, 뛰어난 사회적 성공을 거두는 자신을 발견하게 될 것이다. '일목십행 공부법'에서는 그런 기본 원칙을 바탕으로 율곡이 실제로 실천했고 강조한 독서법에 대해서 알아볼 것이다.

일생에 한 번은 방대한 독서에 도전하라

송시열 문집인 《송자대전》 19권에 나오는 기록을 보면, 어린 시절부터 남달랐던 율곡의 독서량을 엿볼 수 있다.

여러모로 생각해보건대, 문성공(文成公) 이이는 타고난 자질이
높아 5~6세에 이미 학문이 나아가야 할 방향을 알았고, 10세에
이르러서는 경서에 통달하여 말하기를, "성인의 도가 이것뿐이
란 말인가" 하였습니다.
불교와 도교에 관한 책을 폭넓게 읽었는데 그중에 가장 좋아한
책은 《능엄경》(楞嚴經, 밀교 성향을 띤 불교의 근본 경전)입니다.
대개 그 설이라는 것이, 안으로는 마음과 본성을 이야기하는데
매우 정밀하고 세밀하며, 밖으로는 천지의 지극함과 광활함을
논한 것인데, 이이가 지닌 고명함이 아니었다면, 어린 나이에
어찌 그 책을 능히 알고 깊은 뜻을 음미할 수 있었겠습니까?

이 기록에 따르면 이이가 비단 유학에만 얽매이지 않고, 다양한
분야에서 방대한 독서를 했음을 알 수 있다. 다독은 어린 나이에도
인간의 본성이나 천지의 지극함에 대해 깊이 이해하게 했고, 그것
은 과거를 포함한 제반 학문을 하는 데 밑바탕이 되었다.
　율곡은 3년에 걸쳐 여막 생활을 하는 동안 밤낮으로 정좌하여
책만 읽었다고 한다. 앞서 언급했듯이 율곡을 흔히 기묘사화로 죽
임을 당한 정암 조광조에 비유하기도 한다. 정암 조광조는 중종 때
인물로 언제나 꼿꼿한 자세로 책을 읽어 성균관 유생들의 본보기
가 되었다. 조광조가 성균관에 들어온 이후로 유생들의 공부하는

학풍이 바뀌었다는 말이 있을 정도였다. 조광조는 정몽주 이래 조선 유학의 정통적 맥을 이은 이로 공자나 여러 성현 위패를 모시고 제사를 지내는 문묘에 종사된 조선을 대표하는 유학자다.

조광조의 공부 방법은 율곡에게도 이어져 율곡 역시 정좌한 상태에서 공부를 했다. 사실 율곡은 여막 생활을 할 때 거의 외부활동은 하지 않고 정좌한 자세로 늘 책만 읽었는데, 그 부작용으로 한때 넓적다리에 병까지 생겼다고 하니, 그의 엄청난 독서량과 독서하는 태도를 짐작할 수 있을 것이다.

율곡은《학교모범》에서 독서하는 태도에 대해 이렇게 언급했다.

공부하는 사람은 유생의 행실로 몸가짐을 단속한 다음 반드시 독서와 함께 학문을 연구함으로써 옳은 이치를 밝혀야 하니 그러한 뒤에 본격적인 학문에 나아가야 공부의 방향이 밝아진다. 스승을 따라 수업하는데, 넓게 배우고, 상세하게 질문하고, 신중하게 생각하고, 명확하게 분별하고, 깊이 생각하여 온 마음으로 체득해야 한다.

독서할 때는 태도를 정숙하게 하고 단정히 앉아서 마음과 생각을 한 곳으로 모아 한 책을 충분히 숙지한 후, 바야흐로 다른 책을 읽어야 한다.

겉치레로 많이 읽는 것에 힘쓰지 말 것이며, 억지로 기억하는 것만을 위주로 해서는 아니 된다.

글을 읽는 여가에 때때로 기예도 즐긴다. 이를테면 거문고를 뜯거나 활쏘기를 하거나, 투호(投壺, 화살을 던져 병 속에 넣는 놀이) 등의 놀이를 하는데, 다만 각각 규칙을 정해서 적당한 시간이 아니면 하지 말고, 장기나 바둑 같은 잡기에 빠져서 공부에 방해를 일으켜서는 안 된다.

독서의 중요성과 태도에 대해 먼저 언급하고, 독서를 할 때도 가끔 여유를 가지되, 그 여유 시간을 즐기는 것도 규칙을 정해서 하라는 게 주된 요지다. 이 방법은 차후에 후학들을 지도하면서 조언했던 것이고, 정작 율곡 자신은 온전히 독서에만 몰입했던 시기가 있었고, 그것이 율곡의 학문에 큰 힘이 되었다. 나이가 들고 평생 독서를 한다는 관점에서는 당연히 적절한 시간 관리가 있어야겠지만, 젊었을 때나 일생에 한 번쯤은 집중적으로 치열하게 독서를 하는 기간이 반드시 필요하다.

독서, 환경이 중요하다

방대한 독서를 하려면 책 읽는 분위기를 조성하는 게 매우 중요하다. 거실에 텔레비전이 있느냐 책장이 있느냐는 엄청난 차이다. 텔레비전이 아예 없는 것도 독서에 도움이 될 수 있다. 하루 생활이 웹서핑 같은 컴퓨터 중심으로 돌아가서도 곤란하다. 웹서핑과 신문의 차이 역시 상당히 크다. 얄팍하고 자극적인 정보, 그리고 거기에

엮인 정보만 따라가는 것과 두루 깊이 있는 정보를 취하는 것은 분명히 다르다. 웹서핑과 신문의 차이도 그 정도인데 독서와의 차이는 두말할 나위 없을 것이다.

과거 선비들의 경우에는 시대 상황상 자연스럽게 공부하는 분위기가 있었지만, 개인의 자유가 늘어난 현대에는 특히 방대한 독서를 하려면 독서하는 분위기를 임의로라도 조성하는 게 중요하다. 아주 간단히는 주위에 함께 책을 즐기는 사람이 있으면 좋다. 특히 공부하는 학생들에게는 그런 환경이 꼭 필요하다.

당연한 이야기겠지만 율곡에게 신사임당이 그러했듯이 어린 학생에게는 부모가 끼치는 영향력이 절대적이다. 부모가 책을 읽으면 아이도 책을 읽고, 부모가 텔레비전을 보고 컴퓨터만 하면 아이도 당연히 스마트폰만 만지작거리고 손쉽게 접할 수 있는 대중 매체에만 빠져들게 된다. 책을 읽고 이야기를 나누는 분위기를 조성하는 것이 중요하며, 집이 여의치 않다면 학교든 도서관이든 사무실이든 분위기를 형성할 만한 곳을 찾아야 한다.

서울대학교 분자생물학과를 졸업하고, 서울특별시 교육청 정책보좌관을 지낸 이범은 《공부에 반하다》에서 독서하는 분위기에 대해서 이렇게 이야기한다.

독서 습관은 국어나 논술과 직결되며, 다른 과목을 공부하는 데도 중요한 기반이 된다. 게다가 독서량이 많으면 배경 지식이 풍부해지니 다양한 교과목에 대한 공부에 여러모로 도움을 받는다. 아니, 교과 과정이나 입시를 떠나서 기본적으로 한 개인이 읽은 활자의 양과 지적 수준 사이에 상당한 상관관계가 성립되는 것은 너무도 당연한 이야기다.

최악의 경우는 거실에 책이 한 권도 꽂혀 있지 않은 집이다. 이런 집안에서는 적어도 '전문적인 지식에 기반하여 성공하는 자녀'를 기대하는 일은 일찌감치 포기하는 것이 좋다. 거실에서 책을 찾아볼 수 없다면 그것은 그 집 가족이 누리는 생활과 읽기가 동떨어져 있다는 증거다.

이처럼 책을 읽고 좋은 성적을 내기 위해서는 환경적인 여건을 조성하는 것도 꼭 고려해야 할 사안이다. 사족을 붙이면, 독서의 바른 태도에 대해서는 이견이 있을 수 있다. 율곡 시대에는 책이 그다지 많지 않았고, 책을 존숭하는 풍습이 있었다. '책천자 부천자'(冊賤者 父賤者, 책을 천하게 여기면 아버지를 천하게 여기는 것)라는 말이 있을 정도였으니 말이다.

하지만 지금은 자연스럽게 독서를 하는 것이 중요하다고 생각한다. 그런 면에서 책상 위든 방바닥이든 책장이든 식탁 위든 거실이든 안방이든 책이 자유롭게 놓여 있고 앉아서든 누워서든 편하게 읽는 분위기를 조성해야 한다. 공부하는 자세와는 다르다고 보는 것이다. 공부는 오랫동안 앉아서 집중해서 해야 하니 태도가 중요하지만, 독서는 조금 다를 수 있다. 다만, 책의 가치를 존중하는 기본적인 양식은 가져야 한다.

속독과 숙독의 아름다운 이중주

율곡의 독서법에는 독특한 특징이 눈에 띄는데, 바로 일목십행이다. 성혼과 문답한 이야기를 들어보자.

율곡이 성혼에게 물었다.

"형은 글을 볼 때 몇 줄을 한 번에 보아 내려가는지 모르겠소."

"7~8줄 정도로 읽소."

"나 역시 10여 줄에 불과하오."

두 사람이 겸손하게 이야기했지만, 한 번에 열 줄씩 본다는 것은 상당히 많은 양으로, 율곡이 속독을 했음을 알 수 있다.

후학들은 이러한 율곡의 독서법을 일컬어 '일목십행(一目十行)'이라 불렀다. 한 눈에 열 줄을 본다는 뜻이다. 율곡과 관련하여 전하는 일화를 살펴보면, 율곡이 무릇 책을 볼 때는 남과 이야기하면서도 책을 두루 펼쳐보면서 그 대강을 폭풍우처럼 빨리 보아 넘기는데 이미 그 대의(大意)를 터득하였다고 한다.

그렇게 속독한 이후에는 거듭 읽으면서 숙독하는 방법을 취했던 것으로 보인다. 《학교모범》에서도 한 책을 충분히 숙지한 후 바야흐로 다른 책을 읽어야 한다고 언급했듯이, 율곡의 실천적인 독서법도 그러했다.

후일 선조와 문답을 나눈 것을 보면, 출세한 이후에도 《대학》과

《논어》를 몇 번째 읽는다면서 사서삼경을 거듭해서 읽고 있음을 밝힌다. 독서와 관련하여 어느 날 우계 성혼이 율곡을 찾아갔을 때 생긴 일화가 있다.

성혼은 율곡의 책상 위에 《시전》(詩傳, 《시경》의 내용을 쉽게 풀이한 책)이 펼쳐져 있는 것을 보고 물었다.

"금년에는 얼마나 많은 책을 읽었는가?"

"금년에는 사서를 세 번씩 읽었으니 합하면 아홉 번을 읽었고, 지금 다시 《시경》을 읽다 보니 〈왕풍(王風)〉편에 이르렀네."

성혼은 그 이야기를 듣고, 감탄하며 생각하기를 '나는 늘 한가한데도 집수리, 집안일, 손님들 접대한다는 핑계를 대며, 나보다 더 바쁜 율곡보다 책을 못 읽고 있다'며 자책했다.

종합해보면, 율곡은 일목십행 방식으로 속독하면서 책에 담긴 대강을 살피고, 그렇게 대의를 파악한 후 여러 번 다시 읽으면서 숙독하는 형태로 책을 읽었다. 일목십행으로 폭풍우처럼 속독하여 대의를 파악하고, 거듭 읽으면서 구체적인 부분들을 파악하며 숙독하는 형태로 독서를 한 것이다.

주자 역시 독서법에 대해서 율곡과 대동소이한 견해를 제시한 바 있다.

책을 읽을 때는 먼저 오로지 대강을 보고, 다음으로 기틀과 간가(間架, 집의 칸살들이 얽힌 것, 또는 글의 짜임새)를 파악해야 한다. 이를테면, 천명(天命)을 일러 성(性, 본성)이라 하며, 본성을 따르는 것이 도(道)요, 도를 닦는 것을 일컬어 교(敎)라 하는 것은 대강이다.

한편, 부부(夫婦, 여기서는 보통 평범한 사람을 의미함)가 능히 알고 행하는 바가 있고, 성인일지라도 능히 알 수 없고 행할 수 없음이 있는 것은 집의 간가에 해당한다.

비유하면, 사람이 집을 볼 때 먼저 대강을 본 다음에, 다음으로 몇 칸인가에 대해서 물어야 하고, 내부에 작은 칸이 있는가를 본 연후에라야 바야흐로 활연관통(豁然貫通, 하나의 이치에 통하여 밝게 깨달음)함을 얻게 된다.

주자가 강조한 독서법이 율곡이 실천한 속독과 숙독을 병행하는 절차적 독서법과 일맥상통한다는 것을 쉽게 알 수 있다.

여기서 거듭 읽는 숙독의 중요성에 대해서 좀 더 강조하려고 한다. 오늘날 독서하는 사람들을 살펴보면 책을 한 번만 읽고 다 보았다 생각하고, 덮고 다시 펼치지 않는 경우가 많은데, 가벼운 문학 서적이야 그렇겠지만 공부하는 교재이거나 공부와 관련 있는 참고 자료라면 그리해서는 곤란하다. 한 번 읽고 나서 그 책을 읽었다고 하는 것은 남들에게 보이기 위한 허세나 자기 위안에 불과하다는 것을 꼭 기억했으면 한다.

책에도 읽는 순서가 있다

한편, 율곡은 독서 목록을 정해놓고 책을 읽었다. 제자인 사계 김장생의 문집에 따르면, 율곡은 후학들에게 어떤 책을 읽을 것인가에 대한 독서 범주를 알려주고, 더불어 독서의 순서를 강조했다고 한다. 먼저 《소학》을 읽고, 다음에 《대학》,《중용》,《논어》,《맹자》 등 사서를 읽고, 이후에 《근사록(近思錄)》,《심경(心經)》 등을 읽게 했다. 물론 그전에 입지를 먼저 하여 성현이 되는 것을 목표로 하라고 하였다.

당대 유생들 사이에도 독서 목록에 대한 이야기들이 있었는데, 사서 중 《중용》을 맨 마지막에 읽으라는 것이었다. 《중용》은 공자의 제자이자 손자인 자사가 써서 맹자에게 전해준 것으로 알려져 있는데, 사서 중에서 가장 어렵기 때문에 순서상 뒤로 배치한 것이다. 참고로 가장 어렵다는 《중용》에서, 제목인 '중용'에 담긴 의미만 간단히 살펴보자.

자정자(子程子) 왈, 치우치지 않음을 중(中)이라 하고, 변하지 않음을 용(庸)이라 한다. 중은 천하의 정해진 도요. 용은 천하의 정해진 이치다. 이 책은 바로 공자 문하에서 전수해온 심법이니, 자사께서 시간이 흐르면서 변할까 우려하였다. 그러므로 책으로 써서 맹자에게 전해주었다.

여기서 '자정자'는 정자를 다시 한 번 높인 말로 극존칭이다. 유가에서 전해 내려오는 어느 한쪽으로도 기울지 않고 불변하는 도를 '중용'이라 하고, 그 이치를 설명한 것이 《중용》이라는 책이다.

주자는 책 읽는 순서를 다음과 같이 간단히 언급한 바 있다.

《중용》은 초학자가 이해하기 어렵다. 《중용》이란 책은 어려운데 특히 중간에 귀(鬼)와 신(神)에 대해서는 도무지 이해하기 어려울 것이다. 학자는 오로지 이 도리를 얻어야만 이 책에 대해 완전한 이해를 구했음을 증명할 수 있을 것이다.

독서 순서는 오롯이 힘을 써서 《대학》을 먼저 보고, 다음으로 《논어》를 보고 그다음으로 《맹자》를 본다. 이 세 책을 완료하면, 《중용》의 반절은 마치게 된다.

다른 사람에게 물을 것도 없이 간략하게 그 전체를 지나쳐서 본다. 쉬운 부분을 철저히 완료하지 않고, 먼저 어려운 부분을 공략하려 하는 일은 결코 안 된다.

《중용》은 형체나 그림자가 없는 부분에 대한 말이 많다. 형이하학에 대한 내용이 적고, 상달(上達)에 관한 내용이 많지만 먼저 글귀 하나하나에 담긴 의미를 철저히 곱씹는다면 장차 이해할 수 있을 것이다.

주자의 이 주장을 참고로 율곡이 정한 구체적인 독서 목록과 독서하는 순서는 《격몽요결》에 상세하게 나와 있다.

먼저 《소학》을 읽는다. 부모를 봉양하고, 형제를 공경하고, 임금에게 충성하며, 어른을 공경하고, 스승을 높이고, 친구와 벗하는 도리를 상세히 알아서 힘써 행하라.

다음으로 《대학》과 《혹문》1을 읽는다. 궁리(窮理), 정심(定心), 수기치인(修己治人)의 도를 진실로 알아 실천하라.

다음으로 《논어》를 읽는다. 스스로 어짊을 구하고, 본원을 함양하는 공을 이루어야 한다. 하나하나 정밀하게 생각하여 깊이 체득하라.

다음으로 《맹자》를 읽는다. 옳음과 이익을 밝게 판별한다. 인욕을 막고, 천리를 존숭한다. 하나하나 밝게 살펴서 넓고 충분하게 해야 한다.

다음으로 《중용》을 읽는다. 덕스러운 성정, 이치를 추리하는 공을 이룬다. 만물이 자라는 묘리를 안다. 하나하나 깊게 사색하면 얻는 바가 있다.

다음으로 《시경》을 읽는다. 성정의 옳고 그름에 대하여, 선을 기리고 악을 징계하며 널리 알리는 것에 대하여 하나하나 깊이 해석하고, 감응하여 스스로 경계하고 새롭게 나아가야 할 것이다.

다음으로 《예경(禮經)》을 읽는다. 천하의 절문(節文, 예절에 관한 규칙)과 거동의 도수(度數, 정해진 법칙)에 대하여 일일이 강구하여 법칙을 세워야 한다.

다음으로 《서경(書經)》을 읽는다. 2제(요와 순)와 3왕(하나라 우왕, 은나라 탕왕, 주나라 문왕)이 천하를 다스린 대경대법(大經大

法, 공명정대한 큰 원리와 법칙)에 대하여 일일이 그 영요(領要, 가장 으뜸 되는 골자)와 과거 역사의 근본을 알아야 한다.

다음으로 《역경(易經)》을 읽는다. 길흉존망(吉凶存亡), 진퇴소장(進退消長)의 기미에 대하여, 일일이 관찰하고 살펴서 연구하고 궁리해야 할 것이다.

다음으로 《춘추(春秋)》를 읽는다. 성인이 선한 일을 상주고, 악한 일을 징벌하는 것이다. 억제하고 권장하며 조종하는 은밀한 말의 깊은 의미에 대하여, 일일이 정밀하게 연구하여 올바르게 깨달아야 할 것이다.

위에서 언급한 오서, 오경을 순서대로 읽은 다음에는 《근사록》, 《가례》, 《심경》, 《이정전서》(二程全書, 정호와 정이 형제가 쓴 문집), 《주자대전》, 《주자어류(朱子語類)》와 그 밖의 성리학과 관련 있는 책을 틈틈이 정독하고, 이후 여력이 있으면 역사책까지 읽으라고 조언한다.

그리고 독서 목록에 나와 있는 책들은 한 권에 담긴 의미를 깊이 이해한 다음, 다음 책을 읽어야 하며, 많이 읽는 것에 연연하지 말라고 당부하였다.

무릇 독서는 반드시 한 권을 숙독하여, 그 깊은 의미를 깨달아서 의심이 없고 난 연후에 다른 책을 읽어야 한다. 많은 책을 읽으려는 욕심에 바쁘게 이 책 저 책을 섭렵해서는 안 된다.

교양이나 재미로 읽는 책이 아니라 공부를 목적으로 하는 책이라면, 율곡의 조언처럼 순서를 지켜서 하나씩 완독하는 것이 좋다. 개론서를 끝내고 총론, 각론으로 넘어가는 것이며, 쉬운 단계부터 어려운 단계로 넘어가는 것이며, 전체를 조망한 후에 세부적인 것으로 넘어가는 것이다. 아직 중학교 수학도 불완전한데 조바심에 고등학교 수학을 붙잡고 있으면 시간 낭비인 것과 같다(이는 영어도 마찬가지다). 당연한 이야기지만 기초를 단단하게 닦아 놓아야 높이 올라갈 수 있다.

율곡이 직접 행한 독서법에 의거하여 다시 한 번 정리하면, 공부하는 단계에 따라 독서 목록과 독서 순서를 정하고, 책 한 권을 읽을 때는 대강(大綱), 대의(大意)를 파악하기 위해 일목십행으로 속독하되, 그 이후로는 거듭 읽으면서 숙독을 해야 한다.

지행합일, 읽었다면 행하라

한편, 율곡은 독서를 실천적으로 할 것을 권하였다. 지행합일하는 독서를 하라는 것이다. 〈자경문〉을 보면, 독서와 실질적인 생활을 연계하는 것이 중요하다는 것을 강조하고 있다.

새벽에 일어나서는 아침에 해야 할 일을 생각한다. 아침 식사를 한 후에는 낮에 할 일을 생각하고, 취침할 때는 내일 해야 할 일을 생각한다. 일이 없으면 방하(放下, 풀어놓음)하고, 일이 있어 조치를 취할 때는 마땅히 도에 합당한 바를 얻어야 하고, 그리한 연후에 독서를 한다.

독서는 시비에 대한 판단을 구하는 것으로 만일 실질적인 행사(行事)를 할 때 성찰이 없이 독서만 한다면 이것은 무용한 학문이 되는 것이다.

독서가 실질적인 생활에 있어서 옳고 그름을 판단하는 데 도움이 되어야 한다는 말이다. 나아가 독서를 통해 아는 것과 생활을 서로 어울리게 해야만 생활을 바로잡고 독서도 더 심도 있게 할 수 있다는 것이다.

율곡의 지행합일하는 독서, 즉 실천과 독서를 일치시키는 독서법에 대한 견해는《격몽요결》〈독서〉편에 잘 나와 있다.

독서를 하는 사람은 반드시 단정하고 공손하게 앉아야 한다. 책을 대할 때는 공경하는 마음을 갖고, 마음과 뜻을 전일(專一, 오로지 한결같이)하게 하고, 생각을 정밀하게 하여 함영(涵泳, 물속에 잠겼다 떴다 하는 것)한다. 함영이란 숙독하여 깊게 생각하는 것을 말한다. 그 뜻을 파고들어 매 구절에서 반드시 따라 실천할 방법을 찾는다. 만약 입으로는 책을 읽지만, 마음 깊이 체득하지 못하고, 몸이 행하지 않는다면, 책은 책대로 나는 나대로이니 무슨 유익함이 있겠는가?

단지 글 읽는 수준에만 그칠 것이 아니라 물에 잠기듯이 깊이 그 세계 속으로 젖어들어야 한다는 것이다. 우리는 흔히 '무언가에 빠졌다'는 표현을 쓴다. 영화에 빠졌다, 연예인 누구에게 빠졌다, 노름에 빠졌다는 식이다. 그와 같은 의미로 율곡은 독서에 흠뻑 빠져야 한다는 의미에서, '함영'이라는 표현을 썼다. 그렇게 함영한 연후에 지행합일까지 해야 독서가 완성된다고 역설했다.

율곡이 실천하고 강조한 독서법을 정리하면 첫째, 인생에 한 번쯤은 방대한 독서를 하는 시간을 마련해야 한다. 둘째, 독서 목록을 정하여 체계적인 독서를 한다. 셋째, 속독과 숙독을 겸한다. 넷째, 책 내용을 깊이 체득했다면 실천을 통해서 강화하고 완성한다. 그리고 현대인들에게는 독서 환경을 조성하는 노력도 필요하다는 필자의 개인적인 의견도 덧붙였다.

끝으로, 어떤 특별한 독서법에 너무 연연하지 말자. 율곡이 실천했던 것처럼 읽고 또 읽다 보면 자기에게 맞는 독서법이 절로 보일 것이고, 물에 흠뻑 젖듯 깊은 심연의 학문 세계에 빠지게 될 것이다. 그렇게 한번 빠졌다 나온 후에는 세상을 보는 시야가 열리고, 어느새 달라진 자신을 발견하게 될 것이다.

---

1 《혹문(或問)》: 누군가가 한 물음에 대하여 답하는 형식으로 해설한 책으로 《대학혹문》이라고 하면 《대학》을 문답식으로 해설한 책을 이른다.

택우문답擇友問答 공부법

벗과 함께 논쟁하며 일취월장하라

퇴계와 나눈 문답에서도 살펴본 것처럼 율곡은 공부를 진전시키기 위해 주위 사람들과 문답을 많이 주고받았다. 요즘 사교육을 보면, 강사에게 먼저 배운 다음에 혼자서 공부하는데 이 방법이 좋은 방법인지에 대해서는 의문이 든다. 상대방의 틀에 맞춰서 공부한 다음 책을 보면, 자기 것이 아니라 다른 사람의 체계에 맞춰서 공부하는 것이니 혼돈이 생기기 쉽다. 먼저 스스로 공부해서 자기 나름의 체계를 구축한 다음에 다른 사람과 교류하면서 자신의 생각을 익히고 발전시키는 것이 더 좋다.

율곡의 또 다른 장원급제 비결은 바로 이와 같이 내용과 순서에 있어서 올바른 방법으로 공부했다는 것이다. 어려서부터 많은 책을 읽고 자기 생각이 어느 정도 익은 다음에, 주위 사람들과 문답을 주고받으면서 학문의 깊이를 더해갔다. 책만 읽은 것도 아니고, 알맹이도 없으면서 담소만 즐긴 것도 아니라, 책도 읽고 스스로 공부한 내용에 대해서 지식과 의견을 주고받으면서 점점 더 대가다운 풍모를 지니며 성장해나간 것인데, 순서상으로도 자신이 주체가 되는 학습을 하고 난 연후에 교류하는 방법을 택했다는 것이 주효했다.

자신이 주체가 되는 학습에 대해서는 '일목십행 공부법'까지 살펴보았고, '택우문답(擇友問答) 공부법'에서는 율곡의 삶과 가르침을 통해서 어떻게 사람들과 교류하면서 자신의 공부를 풍성하게 만들어나갈 수 있는지 살펴볼 것이다.

좋은 벗을 만나야 한다

율곡은 《학교모범》에서 서로를 도와 어질게 할 수 있는 좋은 친구의 중요성에 대해 다음과 같이 이야기하고 있다.

> 도를 계승하고, 모르는 것을 알게 되는 것은 스승에게 달려 있다 해도, 서로 갈고닦아 어질게 되는 것을 돕는 것은 진실로 벗을 통해 도움을 받는다. 따라서 공부하는 사람은 반드시 충성스럽고, 믿음직하며, 효도하고, 순종하며, 곧고 바르고, 후덕하고 독실한 선비를 가려서 벗으로 사귀어야 한다. 잘못이 있으면 서로 경계하고, 선행은 서로 권하며 절차탁마(切磋琢磨)하여, 벗

으로서의 도리를 다한다. 만일 마음가짐이 돈독하지 못하고, 자신을 단속하는 것이 엄격하지 못하며, 시끄럽게 놀러 다니고, 즐기고 말만 많고 혈기에만 치우치는 사람은 모두 사귀어서는 안 된다.

여기서 좋은 친구란, 서로 색깔이 분명하여 부족한 점을 보완하되, 기본적인 인성 면에서는 배울 점이 있고, 율곡이 이야기한 것처럼 사람이 갖춰야 할 기본 인품을 내면에 갖춘 사람을 뜻한다. 옛사람의 표현대로 하자면 '군자'인 것이다. 그런 사람들끼리 화합할 때 학습 면에서도 시너지 효과를 발휘할 수 있다.

공자는 벗을 사귀는 문제와 관련해서 군자와 소인의 차이를 이렇게 말한 바 있다.《논어》〈위정〉편에 나오는 말이다.

"군자는 두루 원만하지만 비슷하지 않고, 소인은 비슷하지만 두루 원만하지 않다."

무릇 각자의 개성을 가지되 원만한 것이 군자다. 그래서 군자는 화이부동(和而不同)이요, 소인은 부화뇌동(附和雷同, 개성 없이 남의 의견에 따라 움직임)한다고 하는 것이다. 함께 어울리는 무리를 보면 그 사람을 알 수 있듯이 우리는 각자 걸어가야 할 길을 가되 좋은 무리에 속하는 사람이 되려고 노력해야 한다.

독서 환경을 이야기할 때도 언급했지만 스스로 공부하기에 좋은 환경을 만들려면 적극적으로 노력해야 한다. 자신이 싫든 좋든 환경의 영향을 지대하게 받는 것이 사람이다. 그리고 그 환경에서 가장 중심이 되는 것은 말할 것도 없이 사람이다.

《논어》〈이인(里仁)〉편에는 이런 말도 있다. "마을이 어진 것은 아름답다. 만약 어진 곳에 처하기를 택하지 않는다면, 어찌 지혜로움을 얻은 자라고 하겠는가?" 지혜롭게 공부하고자 하는 사람은 불량한 곳은 피하고, 어진 곳에 처하기 위해 힘써 노력해야 한다.

사람을 대하는 법

공부를 위해 사람들과 교류하다 보면 나의 바람대로 좋은 사람들만 만날 수는 없는 노릇이다. 군자도 만나고 소인도 만나게 되는 법인데, 이때 어떻게 처신을 해야 할지 곤란한 경우가 적지 않다. 이 부분에 대해서도 율곡은 나름의 의견을 제시하고 있다.

《격몽요결》〈접인(接人)〉편에 나오는 내용이다.

무릇 사람을 대할 때는 힘써 온화하고 공경하는 태도를 가져야 한다. 나이가 배로 많으면 아버지처럼 모시고, 10년이 많으면 형으로 섬기고, 5년이 위라도 역시 공경하는 태도를 취해야 한다. 가장 나쁜 것은 자기 학문을 믿고, 거만하게 굴며, 다른 사람을 능멸하는 기상이 있는 것이다.

벗을 고를 때는 반드시 학문을 좋아하고, 선을 좋아하고, 엄숙하며, 곧고 진실한 사람을 찾아야 한다. 함께 있을 때 나를 규계

(規戒, 바르게 경계함)하는 말을 들으면 마음을 열고 받아들이며 나의 부족함을 다스리고, 만약 타성에 젖어 게으르고 장난을 좋아하고, 유약하여 망령되이 솔직하지 못한 자라면 사귀어서는 안 된다.

마을 사람으로 선한 자는 반드시 친근하게 지내며 서로 정을 통하고, 마을 사람으로 착하지 못한 사람도 나쁜 말로 그 사람의 비루한 행태를 널리 알리는 것은 옳지 못하다. 다만, 범연(泛然 거리를 두고 데면데면 대함)하게 상대하며 서로 왕래를 하지 말아야 한다.

만약 전에 알고 지내던 사이라면, 서로 만났을 때, 날씨에 대한 인사나 주고받는 정도로 하고 다른 말을 하지 않으면, 점차 멀어지는 사이가 될 것이니 원망이나 분노를 일으키는 데까지는 이르지 않을 것이다.

어떤 벗을 골라야 하는지는 거듭 강조했으니 쉽게 알 수 있다. 다만, 원치 않게 소인을 만나게 되었을 때, 더구나 그를 계속 접해야 할 때 어떻게 대처해야 하는지가 중요할 것이다. 율곡이 〈접인〉편에서 설한 내용을 한마디로 정리하면 '불가근불가원(不可近不可遠)'이다. 멀지도 않고 가깝지도 않게 대하라는 것이다. 살아가다 보면 사람을 대하는 것만큼 어려운 일도 없는데, 또 그것만큼 중요한 일도 없다. 율곡이 한 말을 참고해 각자 경험을 축적하다 보면 자신만의 노하우가 생길 것이다.

같은 기운끼리는 통한다

그렇다면 좋은 친구는 어떻게 만날 수 있을까? 가장 우선하는 것은 자신이 먼저 좋은 사람이 되는 것이다. 율곡이 사람을 접하고, 친구를 대하는 마음가짐 역시 《격몽요결》〈접인〉편에 잘 나타나 있다.

같은 소리는 서로 응하는 법이고, 같은 기운은 서로 구하는 법이니, 내가 학문에 뜻을 두었다면, 반드시 학문하는 선비를 찾을 수 있을 것이고, 학문하는 선비도 나를 찾을 것이다. 학문한다고 내세우면서, 집에 잡스러운 손님들이 들끓고 시끄러운 날을 만나는 것은 그 사람이 실제로는 학문을 즐기는 것이 아닌 까닭이다.

만약 나를 훼방하는 사람이 있다면, 반드시 스스로 반성해야 한다. 만일 나에게 그럴 만한 행위가 있다면 스스로 꾸짖어 마음속으로 시비를 가려서 잘못을 개선하기에 거리낌이 없어야 하고, 만약 나에게 잘못이 미미한 것이 있는데, 거기에 덧붙여서 부풀리고 과장한 것이라면, 비록 작은 허물이라 할지라도 스스로가 저지른 잘못을 끊어서 털끝이라도 남기지 말아야 한다. 만약 풍문에 불과한 것이라면, 공허한 것에 불과한 것이니 나에게 아무런 영향이 없다.

무릇 이와 같으니 훼방이 나타나면 즉시 고치고, 없어도 근면한 태도로 더욱 성실히 하면 나에게 오직 이익만 있을 뿐이다. 만일 잘못을 듣고 스스로 변명하는 데만 치중하여 자기 몸 둘 바를 찾아 전혀 허물이 없는 사람이 되려고 자기 살길만을 찾다보면, 오히려 허물이 더 심해지고 훼방은 더욱 늘어난다.

과거에 누군가 훼방을 없애는 방법을 물으니, 문중자(文中子)[1]가 대답하기를, 스스로 수양하는 것보다 나은 것이 없다고 하였다. 더 답변해주기를 바라니, 변명하지 말라고 하였으니 이 말이 배우는 사람의 법도로 삼을 만하다.

항상 온화하고 공경하며 자애로운 마음으로 사람에게 혜택을 주고, 사물을 다스리는 마음을 가져라. 다른 사람에게 침해를 끼치거나 사물에 손해를 입히는 일은 털끝만큼이라도 마음에 남겨두지 마라. 무릇 사람이라는 것은 자신에게 이롭다면 남에게 침해를 끼치기도 하는데, 따라서 학자는 먼저 이익에 대한 욕심을 끊고 난 연후에, 어질게 되는 법을 배울 수 있을 것이다. 각 지방에 거주하는 선비로 공사에 관한 것이나 예의에 관한 것으로 어쩔 수 없이 관부(官府)를 출입하는 것이 아니라면, 읍재(邑宰, 고을 수령)와 친하다 하더라도, 자주 왕래하고 만나는 일은 없어야 한다. 하물며 친구가 아닌데도 들락거리고, 의롭지 못한 청탁을 하는 일은 일체 없어야 한다.

여기서 핵심이 되는 말은 '같은 소리는 서로 응하는 법이고, 같은 기운은 서로 구하는 법'이라는 동기상응(同氣相應), 동기상구(同氣相求)다. 이는 자연스러운 이치니 진실한 마음으로 학문을 추구하는 자는 자연스럽게 그러한 벗을 만나게 되고 서로 상승효과가 생겨 학문이 눈에 띄게 발전할 것이다.

이처럼 좋은 벗을 만나려면, 자신이 먼저 의롭고 어진 마음을 갈고닦아야 하며, 진실로 학문을 즐기는 마음을 가져야 한다. 먼저 자신이 좋은 벗이 될 수 있도록 힘써야 동기상구할 수 있다는 것을 명심하자.

율곡과 퇴계가 나눈 문답

그렇다면 율곡이 동기상구로 문답하며 학문을 발전시키는 모습을 실례를 통해서 살펴보자. 율곡의 주요한 철학을 엿볼 수 있는 기회도 될 것이다. 다소 어렵게 생각되는 성리학 이론에 대해서는 무시하고 넘어가도 이 책에 담긴 대의를 이해하는 데는 무방하니 부담 갖지 말고 넘겨보기 바란다.

신사임당의 지도 아래 어린 시절에 한 독서, 여막에서 한 다양한 분야의 독서, 산천을 유람하면서 직접 부딪혀 경험한 공부까지 끝마친 후에 귀향한 율곡은 퇴계와의 문답을 통해서 의문점을 하나하나 풀어나갔다.

퇴계는 신진 유학자였던 기대승과 나눈 사단칠정[2] 논쟁을 통해서도 그 인품을 확인할 수 있듯이, 나이가 어리고 경륜이 짧다 해서 율곡을 어린아이 취급 하지 않고 함께 배우고 성장하는 동등한 학인으로 대우했다. 율곡과 퇴계가 나눈 문답 중 하나를 소개한다.

주자가 이렇게 말했습니다.

"고요해지고 편안해지는 것까지는 비록 절차가 있지만, 모두 용이하게 나아갈 수 있다. 그런데 편안한 후에 능히 생각하는 것, 생각한 이후에 능히 얻는 것은 가장 성취하기 어려운 점이다. 편안한 이후에 생각하는 것에 대해서는 안자(顏子) 정도가 아니면 할 수 없다. (이하 훼손)"

편지 뒷부분이 훼손되는 바람에 정확한 질문은 알 수가 없다. 이 질문에 대해 퇴계가 한 답은 이렇다.

주자가 편안한 뒤에 생각할 수 있는 것은 안자가 아니면 할 수 없다고 한 것은 의심한 바와 같습니다. 그러나 성인의 말은 상하에 모두 통하는 것이라, 정밀한 것과 투박한 것이 두루 갖춰진 것입니다.

따라서 성인의 말은 모든 사람이 자신의 학문이 깊고 얕음에 따라 각자 활용할 수 있고, 얻는 바가 있습니다.

편안한 이후에 생각한다는 것도, 간단하고 투박한 것은 보통 사람이 오히려 나아가서 성취함이 마땅하고, 정밀하고 지극한 것을 말할 때는 현인 이상이 아니면 할 수 없는 바가 있으니, 주자는 이 말의 지극한 부분을 강조해서 말했을 뿐입니다.

만약 이를 핑계로 자포자기한다면, 그 사람이 지식을 얻는 데 도를 얻으려는 의지가 부족한 것이니 어찌 이런 핑계를 우려하고, 내 학문이 나아갈 목표를 낮추겠습니까? '핑계 삼는다'는 자구(藉口) 두 글자 의미가 조금이라도 나에게 있다면, 요순의 도에 함께할 수 없습니다.

'편안한 이후에 생각한다는 것'이 어려운 일이라는 것은 거경(居敬), 곧 지극히 선하고 경건한 인간 본성에 머무른 이후에 다시 진리를 탐구하는 궁리로 나아가는 게 어렵다는 것을 말한다.

다시 정리하면 주자의 말은 거경까지는 단계별로 얻을 수 있으나 이후에 진리를 생각하고 파고드는 궁리 단계, 거기에 이어서 실천까지 하는 궁행(躬行)으로 나아가는 것은 안회 같은 대현인이 아니면 어렵다는 말이다.

유학의 근본 전제는 인간은 본래 지선(至善)한 존재며, 비록 기질은 다르나 본성은 동일하게 허령통철하기 때문에 누구나 뜻을 성실하게 하고 마음을 바르게 하는 성의정심과 같은 수신을 통하면, 지극한 선에 거경할 수 있을 뿐만 아니라 능히 알고 능히 행할 수 있다는 것이다.

따라서 율곡이 말하고 싶었던 것은 퇴계가 말한 것처럼 각 단계의 어려움과 쉬움에 주목할 수는 있으나, 안회라는 특정한 인물을 예로 들어서, 그 정도 현인이 아니면 할 수 없다는 식으로 말한 것은 성리학의 대전제인 성즉리(性卽理), 즉 천리가 곧 인성이고 서로 합치한다는 논리와 맞지 않다는 점을 지적한 것이다.

퇴계는 성현의 말은 아는 만큼 보인다고 하였으며, 그중 지극한 진리는 현인이 된 이후라야 얻을 수 있다고 하였는데, 그 말 자체는 옳으나 필자 견해로는 율곡이 한 질문에 대해 퇴계가 한 답변이 아주 정확하게 맞아떨어지는 것은 아니라는 느낌이 든다.

율곡은 유학 전체를 관통하는, 모든 인간의 본성이 허령통철하여 누구나 수신을 통하여 군자가 될 수 있다는 공맹 이래 일관된 철학에 대한 주자의 논리적 오류를 지적했다. 그런데 퇴계는 지극한 경지까지 이르기는 어렵더라도 자포자기하면 안 된다는 매우 각론적이고 개인적인 부분에 천착하여 답변을 한 것이다.

퇴계와 율곡이 주고받은 여타 문답도 아귀가 잘 맞지 않는데, 이는 학문을 접근하는 관점과 연령대 차이가 좁지 않은 탓으로 보인다. 퇴계는 언제나 이기론(理氣論) 중 이(理)에 중심을 두는 이론과 내면 및 개인의 수양을 강조하고, 율곡은 이기(理氣) 모두 중시하며 실천과 현실, 보편적인 진리에 대해 의문을 던진다.

한편 퇴계와 율곡의 관계에 대한 후일담을 보면, 율곡이 조정에서 일할 때, 퇴계에게 관직에 다시 나올 것을 여러 차례 권하기도 하였다. 율곡의 《경연일기》[3]를 보자.

선조 즉위년에 이이가 이황을 뵙고 말렸다.

"어린 임금이 처음 등극하여 시사(時事)를 처리하는 데 어려움이 많으니, 분수와 의리에 비추어 선생님께서 물러나지 말아야 합니다."

이에 이황은 이리 답하였다.

"도리로는 물러날 수 없지만, 나 자신을 돌이켜보면 물러나지 않을 수 없다. 몸에 병도 많고, 재주도 별것이 없다."

서로 철학은 달랐지만, 율곡이 얼마나 퇴계를 존중했는지 또한 퇴계가 얼마나 겸허한 사람이었는지 두 위인의 인품을 확인할 수 있는 대목이다. 이것이 바로 화이부동이요, 동기상구가 아니겠는가?

율곡과 성혼이 주고받은 문답

율곡은 출사한 후에도, 친구 성혼과의 문답을 통해서 자신의 학문을 더욱 깊이 발전시켜나갔다. 출세한 관리나 정치가로서 자부심에만 갇혀 지냈다면, 아마 율곡이 성리학의 대가로 이름을 남기지는 못했을 것이다.

율곡은 출세한 신분에 안주하지 않고, 성혼과의 적극적인 문답을 통해서 자신이 펼치는 이론의 부족한 점을 보완하고, 자기 생각을 명확하게 정리하는 훈련을 지속했다.

그 결과, 율곡은 이치는 만물에 두루 보편적으로 통하고, 기는 특정한 개체에 따라 항상 다른 양상으로 나타난다는 '이통기국(理通氣局)', 이기(理氣)는 서로 다르지만 동시에 하나인 묘한 것으로 서로 구분하여 설명하기 어렵다는 '이기지묘(理氣之妙)'와 같은 자신만의 독창적인 이기론을 정립할 수 있었다. 그리고 이러한 율곡의 사상은 퇴계 사상과 함께 조선 유학계의 양대 산맥으로 후대에 가장 큰 영향을 미친 조선 성리학의 깊은 뿌리가 되었다.

성혼과 문답하며 쌓아올린 율곡 철학의 한 대목을 살펴보자. 이기론과 함께 '인심도심설(人心道心說)'이라 하여 당시 유학자들 사이에 벌어진 중대한 논쟁거리 중에서, 인심과 도심의 뿌리에 대한 것이 있었다.

이에 앞서 인심도심에 관한 개념부터 간단히 설명하자면,《중용장구》에서 주자는 이렇게 언급하고 있다.

경서에 보이는 진실로 그 중도(中道)를 잡는다는 것은 요임금이 순임금에게 전수한 것으로, 인심은 위태롭고 도심은 은미(隱微, 은밀하게 숨겨짐)하니, 오직 정숙하고 오직 전일하게 하여야 진실로 그 중도를 붙잡을 수 있다.

인심(人心)은 인간의 모든 욕망을 포함한 것으로 늘 위태롭게 파도처럼 출렁거리는 것이고, 도심(道心)은 중도인데, 숨어 있는 것으로 이를 밝혀내기 위해서는 정숙하고 한결같아야 한다는 것이다. 그런데 이 인심과 도심이 서로 다른 것이냐, 아니면 하나의 뿌리에서 나온 것이냐에 대해서 학자들 간에 논쟁이 분분하였다.

1572년, 율곡이 인심도심설에 대해 성혼과 문답을 주고받았던 편지 중에서 몇 구절을 살펴보자. 다음은 율곡이 보낸 편지다.

지난번에 보낸 편지를 받고 도리가 맑게 조화됨을 알게 되었습니다. 긴 사연에 많은 말로 가르침을 주었는데 말뜻이 명창(明暢, 말에 담긴 취지가 분명하고 논리적임)하고, 뜻과 이치가 옳아 나의 혼매(昏昧)함을 깨우쳐주었습니다.

이번에 또 편지와 도(道)를 밝힌 시를 받으니, 뜻이 분명하고 말이 정밀하여 추호도 어긋남이 없습니다. 은혜로운 가르침을 받아 더욱 감동하였습니다. 지난날에 서로 분분하게 왕복했던 말은 피차가 서로 진의를 알지 못해서였는데, 이제부터 거의 의견이 귀일(歸一)하는 듯한 기쁨이 있으나 아직도 미진한 점이 있으니, 대략 말씀드리려고 합니다.

이와 기가 서로 분리되지 못하는 것은 물과 그릇이 분리되지 못하는 이치와 같습니다. 만약 서로 발용(發用)됨이 있다면, 이는 그릇이 먼저 움직여서 물이 따라 움직이기도 하고, 물이 먼저 움직여 그릇이 따라 움직이기도 한다는 논리니, 천하에 어떻게 이런 이치가 있겠습니까?
사람이 말을 타는 것에 비유하면, 사람은 본성이고 말은 기질입니다. 말의 성질이 양순하기도 하고, 불순하기도 한 것은 기품의 청탁수박이 다르기 때문입니다. 문을 나설 때 말이 사람의

뜻을 따르는 경우도 있고, 혹 사람이 말의 다리만 믿고〔信〕—'신
信' 자는 '임任' 자와 약간 다릅니다. 임은 알고 맡기는 것이고,
신은 알지 못하면서 맡기는 것입니다(율곡 주해)—나가는 경우
도 있으니, 말이 사람의 뜻을 따르는 것은 사람이 주가 되니 곧
도심이요, 사람이 말 다리만 믿고 나가는 것은 말이 주가 되니
곧 인심입니다.

문밖으로 난 길은 사람과 사물이 마땅히 행해야 할 길입니다.
사람이 말을 타고 문을 나서기 전까지는 사람이 말의 다리를 믿
을지, 말이 사람의 뜻을 따를지 그 단서를 알 수 없으니, 바로
이 때문에 인심과 도심이 본래는 상대하는 묘맥(苗脈, 일의 실마
리, 일이 나타날 단서)이 없는 것입니다.

서로 발용되는 것은 호발(互發)이니, 이는 퇴계의 '이기호발설
(理氣互發說)'에 대한 비판이다. 호발이라는 것은 각자가 발용할 수
있다는 것이다. 하지만 율곡은 이기론의 대전제인 '불상잡(不相雜)
하지만 불상리(不相離)한다'는 이론에 따라서 이기 중 어느 하나만
뛰쳐나가는 호발은 있을 수 없다는 것이다.

여기서 '불상잡'은 서로 섞이지 않는다는 것이고 '불상리'는 서로
떨어지지 않는다는 것이다. 물과 잉크처럼 서로 뒤섞이지는 않지
만, 연필과 연필심처럼 서로 떨어지지 않고 항상 함께 다닌다는 것
이다.

뒷부분은 인심과 도심의 맥이 같다는 것으로 여기서 '상대'는

'절대'의 반대말이나 서로 마주 보는 것이 아니라 서로 대치하고 배격하는 맥이 없다는 것이다. 즉 문을 나서기 전까지 말과 인간이 싸우지 않는 것처럼 인심과 도심은 시작하는 뿌리에 있어서 서로 싸우거나 배척하지 않고 함께 시작한다는 것이다.

이것 역시 퇴계 이황의 사단과 칠정이 각기 도심과 인심이라는 다른 묘맥에서 나온다는 것을 비판하는 이론으로 인심과 도심의 맥은 같은 것이며, 칠정이 사단을 포함한다는 논리다.

《맹자》〈진심〉편에는 이런 구절이 나온다.

"형체와 색욕은 하늘로부터 받은 본성이다. 오직 성인이 된 이후에라야, 가히 그 형체를 주관하여 실천할 수 있을 것이다."

형체와 색욕은 인심이요, 그것을 주관하여 실천하는 것은 도심이 되니 맹자가 한 주장에 비추어보아도 율곡이 보다 선명하게 유학의 정통을 계승하여 논리를 전개한 것이다.

문답식 공부에 대한 사례를 들면서 다소 난해하지만 독창적인 율곡의 철학을 엿볼 수 있는 기회를 가져보았다. 앞의 두 문답으로 알 수 있듯이 율곡은 친구나 당대의 유수한 학자들과 교류하며, 서로 의견을 주고받으면서 많은 것을 배우고 자신의 학문을 발전시켰다. 성혼에게 답변하는 내용을 보면 답변을 해나가는 과정에서 율곡 자신의 생각이 정밀하게 정리되어 간다는 느낌을 강하게 받을 수 있다.

이처럼 문답하는 공부법은 상대방에게 배운다는 의미도 있지만, 자기 자신이 배운 것을 명확하게 정리할 수 있다는 데 더 큰 의미가 있다 하겠다. 이렇듯 반복적인 문답은 자신이 아는 것과 모르는 것을 구분하여 학습에서 모호한 부분을 없애고 장기적인 기억으로 남길 수 있게 한다.

함께하는 공부와 열린 태도의 힘

주자는 함께 어울려서 하는 공부를 매우 중요하게 생각했다.《대학장구》에서 주자는 이렇게 말했다. "공부란 무릇 강습하고 토론하는 일을 이르고, 스스로 닦는다는 자수(自修)는 성찰하고 사욕을 이겨서 다스리는 공부다."

일대일로 문답하는 것을 넘어 공부하는 그룹을 형성하거나 그런 모임에 들어가는 것도 도움이 될 것이다. 물론 같이 어울려서 놀지 않을 수 있는 검증된 사람들, 정말 공부만 할 수 있는 사람들끼리 모여야 한다.

서구의 프로젝트 학습이 우리나라 교육계에도 많이 유입되고 있다. 우리나라 교실에서도 스마트 교육의 일환으로 프로젝트 수업을 진행하는 경우가 많은데 그 효과가 상당히 좋다고 한다. 한국교육개발원 연구기획실 최상덕 실장은 프로젝트 수업의 장점에 대하여 이렇게 말했다.

교육을 통해 창의적 문제 해결력을 키우는 대표 사례는 프로젝트 수업이라고 할 수 있다. 프로젝트 수행 과정에서 학생 개인

또는 그룹별로 연구 주제를 찾고, 연구 가설을 설정한 뒤, 검증하기 위해 기존의 지식과 정보들을 새로운 관점에서 재구성하는 창의적 사고가 요구되기 때문이다. 이는 정해진 답을 찾기보다는 문제를 분석하고 문제 해결을 위한 논리적 근거를 일관되게 제시한다는 점에서 비판적이고 통합적인 사고력이 극대화될 수 있다.

프로젝트 수업은 대표적인 그룹형 학습 형태인데, 함께 공부하는 것은 단순히 지식의 양을 늘릴 뿐만 아니라 개인의 학습 역량을 향상시키는 데도 기여할 수 있다는 것이다.

물론 그룹 학습, 프로젝트 학습을 할 때 자기 의견만 옳다고 주장하게 되면 마찰을 일으켜 감정만 소모하고, 오히려 혼자 공부하는 것보다 더 못한 결과를 낳을 수 있다. 따라서 여럿이 함께 공부할 때는 반드시 개방적인 마인드로 접근하는 것이 중요하다.

율곡도 스승이든 벗이든 논쟁할 때는 늘 개방적인 태도를 취하고 자신만 옳다고 고집하지 않았다. 《율곡전서》 34권을 보면, 율곡은 달이 기울고 차는 시기 등 자연 과학적 이치에 대해 우계 성혼, 구봉 송익필[4]과 논쟁을 많이 했는데 학자들이 율곡의 견해에 대하여 의심하여 물으면, "내 의견은 이런 것이다. 그러나 다른 사람들이 꼭 따라야 할 필요는 없다" 하였다.

이처럼 율곡은 과거를 준비할 때나 학문을 닦을 때, 개방적인 태도로 문답과 논쟁을 통해서 자신의 이론을 더욱 정밀하고 명료한 것으로 가다듬었다. 이렇게 다듬어진 율곡의 학문과 사상은 당대를 넘어, 송자(宋子)라 칭송받던 송시열, 한원진 등의 후세까지 계승되며 꽃을 피운다.

미래를 살리는 학습 역량

지금까지 율곡이 제시한 사람들과 교류하면서 학습하는 것에 대해서 좋은 벗을 만나는 법, 사람을 대하는 법, 택우문답을 위해 먼저 좋은 사람이 되는 법, 개방적인 태도를 취하는 것 그리고 실질적으로 어떻게 교류했는지에 대해 실례를 들어 설명하였다.

여기에 개인적인 의견을 덧붙이자면, 사람들과 함께 논쟁하고 토론하면서 공부하는 것이 중요한 이유는 크게 네 가지로 정리할 수 있다. 첫째, 다른 사람에게 자신이 가진 지식을 설명하면서 자신이 얼마나 정확히 아는지 파악할 수 있다. 둘째, 다른 사람의 의견을 들으면서, 자신의 생각이 옳은지 점검할 수 있다. 셋째, 다른 사람의 생각을 들으면서 자신의 지식을 보강할 수 있다. 넷째, 협업하여 결론을 도출하는 사회적인 능력을 기를 수 있다.

흔히 혼자서만 공부한 사람은 내 머릿속에 있으니까 다 안다고 착각하기 쉽다. 하지만 실제로 아는 것을 설명하려고 하면 기억도 잘 나지 않고, 논리 구조가 빈약한 경우가 허다하다. 그래서 교육 전문가들은 설명할 수 있는 지식이 진짜 지식이라고 말한다. 이는 자기 내부에 그 지식이 체화되어야만, 즉 온전히 자기 것이 되어야만 설명이 가능하기 때문이다.

특히 인문·사회과학적 지식은 혼자서만 공부할 경우, 논지를 잘못 이해하거나 자기만의 관점으로 이해해서 독단에 빠지기 쉽다. 따라서 상대방이 반박하거나 비판하는 의견을 들으면서 자기 자신이 지닌 지식의 허점을 파악하는 것이 중요하다. 감정적으로는 불편할 수 있지만, 자신에게는 지식을 객관화할 수 있는 소중한 기회다. 끝으로 각자가 한 공부 경험이 다르니 다른 사람의 의견을 들으면서 자신의 부족한 부분을 보충할 수 있다는 것도 토론과 논쟁이 중요한 이유다.

현대는 생각의 속도만큼이나 빠르게 수많은 정보가 새롭게 쏟아져 나온다. 물론 기본 골격은 크게 바뀌지 않겠지만, 급변하는 시대의 속도에 맞춰 새로운 정보에 늘 촉각을 곤두세울 필요가 있다. 혼자 골방에 앉아서만 공부하다가는 우물 안 개구리 신세를 벗어나기 어려울 것이다.

최근 국제교육협의회(IEA)가 36개 국가 청소년들의 사회적 상호작용 능력을 연구한 결과 한국 청소년들이 세계적으로 최하위 수준이라는 결과가 나타났다. 국제학업성취도평가(PISA)의 수학, 과학 영역에서는 좋은 성적을 낼지 몰라도 서로 협력하여 문제를 해결하는 능력은 꼴찌라는 것이다. 이것은 청소년뿐만 아니라 성인인 우리 모두가 잘못된 방법으로 학습해왔기 때문이다. 좋든 싫든 세계화 시대를 맞이한 우리에게는 크나큰 약점이 아닐 수 없다.

경제협력개발기구(OECD)에서 각 분야 전문가들을 동원해 7년 동안 연구한 결과 다가올 세대가 미래를 이끌어가기 위해서는 세 가지의 핵심 역량이 필요한 것으로 나왔다. 첫째는 지적인 도구를 자유자재로 활용할 수 있는 능력이다. 둘째는 서로 다른 집단에서 소통할 수 있는 사회적 상호작용 능력이다. 셋째는 자율적으로 행동하는 역량이다. 자기 삶에 대해 스스로 결정권을 가지고 주체적으로 행동할 수 있는 역량을 말하는 것이다.

이처럼 앞으로 다가올 사회에는 상호 소통하는 능력이 매우 중요한 화두로 떠오른다. 정보통신 기술의 발전과 더불어 사람과 사람 간의 간격이 더욱 가까워졌고, 실시간으로 더 방대한 소통이 폭발적으로 늘어났기 때문이다.

협력적인 역량은 미래의 교육과 학습에서도 중요한 키워드가 될 것이다. 이러한 시대를 맞아 율곡이 실천하고 제시한 택우문답 공부법은 다시 한 번 되새겨볼 필요가 있다.

---

1 문중자(文中子, 580~617년): 수나라 교육가이자 사상가. 도가의 노장사상에 대해서도 능통하였다.

2 사단칠정(四端七情): '사단'은 인간 본성에서 발현된 도덕적 능력을 말한다. 남을 불쌍하게 여기는 마음, 옳지 않은 일을 부끄러워하는 마음, 양보하는 마음, 잘못을 분별하는 마음으로 각각 측은지심(惻隱之心), 수오지심(羞惡之心), 사양지심(辭讓之心), 시비지심(是非之心)이라고 한다. '칠정'은 인간의 자연스러운 감정으로 기쁨, 노여움, 슬픔, 두려움, 사랑,

미움, 욕망을 말한다.

3 《경연일기(經筵日記)》: 조선 명종부터 선조 때까지 17년 동안 율곡이 경연(經筵, 임금과 신하가 함께 학문을 연마하던 일)에서 강론한 내용을 적은 책이다.

4 송익필(宋翼弼, 1534~1599년): 조선 중기 학자로 자는 운장(雲長), 호는 구봉(龜峯)이다. 이이, 성혼과 교분이 두터웠으며, 성리학에 조예가 깊었다. 당시에 서기(徐起)는 송익필의 인품과 경륜을 제갈공명에 비하였다. 서기는 유생들에게 "너희가 만일 제갈량이 어떤 사람인가를 알고 싶으면 송구봉을 보라. 송구봉이 바로 제갈량 같은 인물"이라 하였다.

경계초월境界超越 공부법
경계를 뛰어넘는 자가 마지막에 웃는다

율곡은 다른 유학자들과 달리 한때 노장사상과 불교에 심취했다. 오죽하면 자신이 전생에 김시습이었다느니, 가낭선이었다는 이야기를 했겠는가? 스무 살 이전에 읽었던 노장사상과 불교 관련 서적들은 율곡의 정신세계와 사상에 지대한 영향을 미쳤다.

율곡은 금강산으로 떠났던 그 1년 동안의 사건으로 수차례 반성하는 자세를 보여야 했고, 죽어서도 반대파들에게 공격의 빌미를 제공했지만, 한편으로는 그랬기 때문에 남들이 오르지 못한 학문의 경지에 오를 수 있었고, 아홉 번의 장원급제도 할 수 있었다.

우리는 어떤 하나의 이론이나 생각에 빠지면 그 밖의 것을 잘 보지 못한다. 상대적인 것을 이해하지 못하니 객관성을 확보하기 어려운 것이다. 그렇기에 이렇게 치우친 생각은 공부에 큰 방해가 된다.

진짜 공부를 하고 싶다면 스스로 자신의 공부에 한계를 짓지 말아야 한다. 그래야 남들보다 높은 차원의 공부를 할 수 있고 그에 따르는 성과도 높일 수 있다. 그런 관점에서 이번 장에서는 율곡의 경계를 초월하는 공부법에 대해서 알아볼 것이다.

율곡, 얽매이지 않는 공부를 하다

사람은 누구나 자기 자신만 옳다는 독선에 빠지기 쉽다. 그래서 사람이든 이론이든 자신이 애정을 쏟는 대상을 객관적으로 보기 어려운 경향이 있다. 하지만 학문을 하는 데 있어서 이러한 태도는 매우 위험하다.

사서삼경 가운데 하나인 《대학》에서도 이 점을 지적하였다. 《대학》의 팔조목(八條目)은 격물(格物), 치지(致知), 성의(誠意), 정심(正心), 수신(修身), 제가(齊家), 치국(治國), 평천하(平天下)를 총칭하여 이르는 말이다. 《대학》에서 설명하고 있는 팔조목 중 수신에 대한 내용이다.

> 그 집을 다스리기(齊家) 위해서 먼저 수신해야 한다는 것은, 사람이 친하고 사랑하는 것에 치우치며, 그 천하게 여기고 미워하는 것에 치우치며, 그 두려워하고 공경하는 것에 치우치며, 그 슬퍼하고 긍휼하게 여기는 것에 치우치며, 그 오만하고 게으른

것에 치우치기 때문이다. 따라서 좋아하는 것에서 미워하는 것을 알고, 미워하는 것에서 그 아름다움을 발견하는 자가 천하에 적다.

제가를 하기 위해서는 한쪽 방향으로 마음이 치우치지 않아야 한다는 것이다. 따라서 먼저 올바르게 수신하여 편중된 마음을 버리고, 현대식 표현을 빌리면 객관성을 확보하라고 강조한다.

율곡이 장원급제한 핵심 비결 가운데 하나는 그가 유학만이 옳다는 시대적 선입견을 버리고 객관성을 확보하고 통섭하는 공부를 했다는 점이다. 그랬기에 세간의 날고 기는 학자들을 뛰어넘을 수 있었던 것이다. 물론 율곡이 당시 이단이라 불리던 노장과 불교를 공부하게 된 계기는 부친 이원수 공이 불교에 관심을 쏟아서 마침 집에 불교 관련 서적이 있기도 했고, 일찍 모친상을 당하면서 인생의 허무함을 빨리 느끼고 조숙했던 탓도 있을 것이다.

하지만 가장 큰 이유는 한계를 모르는 율곡의 왕성한 지식욕 때문이었다. 그래서 율곡은 젊은 패기로 경계를 뛰어넘는 독서를 했던 것이고, 이런 작업이 장원급제와 학문으로 일가를 이루는 데 혁혁한 기여를 한 것이다.

《조선왕조실록》명종 21년 3월 24일자 기록에는 이와 같은 내용이 언급되어 있다.

이이는 어려서부터 문명이 있었고, 일찍 모상(母喪)을 만나 집상(執喪, 상제喪制 노릇을 함)하는 데 정성이 지극하였다. 아비의 첩이 이이를 사랑하지 않았고, 아비 이원수가 일찍이 불경을 좋아하였다. 이이 나이 16~17세에 어떤 중이 죽은 영혼을 위해 복을 빌어준다는 말로 이이를 유혹하니, 이이가 집안사람들에게 알리지도 않고 의복을 단정히 입고 금강산으로 들어갔다. 수년 만에 불교의 허황함을 알고 돌아왔다.[1]

이이는 타고난 자질이 매우 아름다워 거짓으로 꾸미는 태도가 없고, 학문함에 있어 의로움과 이로움을 구분하여 마음을 쓰는 것이 한결같고, 세속에서 벌어지는 비루한 일들에 연연하지 않고 욕심이 없었다.

생원시에 장원하고 알성과(謁聖科, 국왕이 문묘에 참배한 후 친히 치르는 시험)에 응시하려 할 때, 성균관의 뭇유생들이 이이가 출가하였던 것을 문제 삼아, 묘정(廟廷)에 들어가지 못하게 하여 논의가 준엄하였으나 태연하여 표정이 달라지지 않았다. 문장이 풍부하고 넉넉하여, 경전에 연연하지 않으면서도 도도하여 막힘이 없었다. 과거에 올라서는 삼장(초시·복시·전시)에 모두 장원을 하였다.

삼장에 장원했다는 것은 대과만을 말하는 것이다.《조선왕조실록》에 기록된 것처럼 율곡은 다른 유학자들과 달리 기존의 경전에 연연하지 않고, 스스로 학문의 한계를 만들지 않는 통섭하는 공부를 했기 때문에 장원급제를 연이어 할 수 있었던 것이다.

새로운 학문의 길을 걷다

남들이 가지 못한 길을 개척하는 사람은 대개 주위의 편견과 질시, 경멸 때문에 외롭고 힘들다. 하지만 어떤 이론이든 처음에는 낯설지만 그것이 옳다면 언젠가는 인정받고 어느새 보편적인 이론으로 서게 된다. 그렇게 자신만의 길을 개척할 때 소위 대체할 수 없는 독보적인 인간으로 기록될 수 있는 것이다.

율곡의 이기론에는 그가 창안한 독특한 용어가 등장하는데 바로 '이기지묘(理氣之妙)'다. 이기지묘는 이(理)와 기(理)의 '불상리, 불상잡'을 설명하려고 만든 용어다. 이기(理氣)는 서로 떨어질 수 없으면서도 서로 섞일 수도 없다. 또한 이와 기는 단독으로 활동할 수도 없다. 이렇게 이를 떠난 기도 없고, 기를 떠난 이도 없으니, 이와 기는 하나이면서 둘이고 둘이면서 하나다. 이렇게 묘한 관계인 이기는 근원이 하나인데 굳이 한 단어로 표현하자면 '이기지묘'가 된다. 이러한 이기지묘는 천리와 인간의 본성을 다 아우르는데, 그 묘함은 확인하기도 어렵고 설명하기도 어렵다.

율곡이 제시한 이기지묘는 논리적으로 설명하기 어려운 것을 독특한 개념을 창안하여 설명한 것으로 불교나 노장사상에 담긴 초월적이고 통합적인 사고방식과 상당히 닮아 있다. 율곡이 자신의 독창적인 이론인 이기지묘에 대한 생각을 성혼에게 시로 보낸 편지가 있어 소개한다. (율곡은 시의 제목을 '이기理氣의 원리에 관한 시'라는 뜻을 담아 〈이기영理氣詠〉이라 지었다.)

〈이기영〉을 우계 도형(道兄)에게 드리다

원래 기운은 어디에서 비롯하였는가
무형이 유형 중에 있도다
근원을 찾아보니 본래 합하여져 있고
(이기는 본래 합쳐진 것이요, 처음 합져진 시기가 따로 있는 것이 아닙니
다. 이기를 둘로 나누려는 사람은 도를 모르는 것입니다―율곡 주해)
갈래를 따라 나누어지니 모든 정을 여기서 볼 수 있구나
(본래 하나인 이기가 나눠져 2와 5, 음양오행의 정이 됩니다―율곡 주해)
물은 그릇 모양을 따라 모나고 둥글며
허공은 병을 따라 작아지고 커진다.
(이기가 흘러 다닐 때 천태만상으로 균일하지 못한 것이 이와 같습니
다. 허공과 병에 관한 비유는 불교에서 나온 것인데, 여기에 적합하므
로 인용하였습니다―율곡 주해)
그대는 두 갈래 길에서 미혹되지 말고
성이 곧 정임을 고요히 체험하길 바라오

마지막 구절, '성이 곧 정임을 고요히 체험하길 바라오'는 칠정
이 곧 본성이라는 말이다. 따라서 칠정(인심과 도심, 선과 악이 종합된
인간의 자연스러운 본성)에서 사단(맹자는 칠정 중 선한 것만을 뽑아서
'사단'이라 함)이 나왔으니 본성에 인심과 도심이 함께 있음을 이 시
를 통해서 자연스럽게 느껴보라는 것이다.

당시는 유학자들이 주자의 성리학을 공부하기에도 급급했고, 퇴계의 학문만을 높이 평가하던 시절이었다. 물론 기대승이 세부적인 부분에서 반론을 펼치기도 했으나 새로운 학문의 체계는 세우지 못했다. 하지만 율곡은 그런 상황에 얽매이지 않고 자신의 경험과 기존 질서를 뛰어넘는 공부를 통해서 자신만의 학문 영역을 개척하였다. 결국 현실적으로 대단한 성과를 거두었을 뿐만 아니라 퇴계와 양대 산맥을 이루는 학문 일가를 이룰 수 있었다.

답할 수 없는 답을 하다

율곡은 1558년(명종 13년) 23세에 별시를 치르는데 '천도책(天道策)'이라는 유명한 답안으로 21세에 치렀던 한성시에 이어 또다시 장원을 차지한다. 전하는 이야기에 의하면, 이때 책문이 너무 어렵고 낯설어 유생들이 다른 책문을 내달라고 아우성이었다고 한다. 그런데도 율곡은 마치 준비한 듯 답을 써내려갔다. 이 천도에 관한 질문에 막힘 없이 답변할 수 있었던 것도 율곡이 경계를 넘나드는 방대한 독서를 했기 때문이다. 시험관이 한 질문과 장원의 답변을 일부 발췌해 옮겨본다.

질문: 하늘의 도는 알기도 어렵고 말하기도 어렵다. 해와 달이 하늘에 걸려 한 번은 낮이 되고, 한 번은 밤이 되는데 느리기도

하고 빠르기도 한 것은 누가 그렇게 만드는 것인가? 간혹 해와 달이 함께 나와서 때로는 겹쳐서 일식과 월식이 되는 것은 무엇 때문인가? 오성이 위(緯, 씨줄, 가로)가 되고, 뭇별들이 경(經, 날줄, 세로)이 되는 것을 상세하게 설명할 수 있는가? (…) 여러 유생들은 널리 경전에 통하였으니 대답할 수 있을 것이다. 각기 마음을 다하여 대답하라.

답변: 가만히 생각해보건대, 천변만화의 근본은 음양 하나일 뿐입니다. 이기(理氣)가 움직이면 양이 되고, 고요하면 음이 됩니다. 한번 동하고 한번 정하는 것은 기요, 동하고 정하게 만드는 것은 이입니다. (…)

홍몽(鴻濛, 천지가 갈라지기 전 혼돈 상태)이 처음 열리면서 해와 달이 서로 교체하며 우주를 밝혔는데, 해는 태양의 정기고, 달은 태음의 정기입니다. 양의 정기는 바삐 운행하니 하루에 하늘을 한 바퀴 돌고, 음의 정기는 더디게 운행하니 하룻밤에 하늘을 다 돌지 못합니다. 양이 빠르고 음이 느린 것은 기운이지만, 그 까닭은 이치입니다.

해는 임금의 상이요, 달은 신하의 상이니 운행하는 길이 같아서 만나는 도수가 같을 때 달이 해를 가려 일식이 되고, 해가 달을 가려 월식이 됩니다. 해와 달이 같은 길에서 만나되 달의 기운이 미약하면 일식이 생기지 않지만, 해의 기운이 미약해서 음기가 성하고 양기가 약하게 되면, 아랫사람이 윗사람을 능멸하고 윗사람의 기운이 쇠퇴해지니, 신하가 임금을 거역하는 상이라고 할 수 있습니다. 이는 어그러진 기운 탓입니다.

이 사실을 옛 기록에서 찾아보니 괴이한 재앙이 일어나는 것은 덕이 닦여진 치세에는 찾아볼 수 없고, 말세의 혼란스러운 정세에는 이러한 변괴가 자주 일어났으니 하늘의 뜻과 인간의 도가 서로 통하는 것을 알 수 있습니다.

뭇별들은 하늘의 운행을 따라 움직이고, 제 스스로 운행하지 못하기에 경(經)이라 하고, 오성은 때에 따라 각기 나타나고 하늘의 운행을 따르지 않기에 위(緯)라 합니다. 하나는 일정한 길이 있고, 하나는 일정한 길이 없으나 대체로 말하면, 하늘이 날이 되고, 오성이 씨가 되지만 그 상세함은 종이 한 장에 다 담을 수 있는 바가 아닙니다. (⋯)

상당히 긴 답안이라 일부만 옮겼다. 음양의 기운과 인간의 마음을 천재지변이나 천문 현상과 연결시키는 전근대적인 사고방식이 시대적인 한계를 벗어나지는 못하지만, 답변 전문을 보면, 천문 현상에 대한 당시 과학적 이론과 철학, 정치를 하나의 맥락으로 물 흐르듯 설명하고 있다.

그런데 이때 사용한 근거들을 살펴보면 도교나 음양가의 이론을 상당히 차용하고 있음을 알 수 있다. 출처를 도교라 할 수 없었기에 소강절[2]의 이론을 주로 논거로 삼았는데, 소강절은 유학자로 분류하기도 하지만, 도서선천상수학(圖書先天象數學)이라는 도가 학문을 《역경》과 연결해 독특한 우주론을 정립한 사람이기도 하다.

율곡은 이처럼 당시로서는 주류 학문의 경계를 넘는 공부를 한 덕분에 다른 유학자들이 사서삼경에만 얽매여 손도 대기 어려워하던 천도에 관한 답변도 어렵지 않게 작성하고, 또다시 장원급제를 할 수 있었다.

경계 위에서 전체를 그리는 힘

경계를 넘는 것은 마치 담장 위에 올라서는 것과 같다. 그리하면 새로운 시야가 열린다. 학문도 마찬가지다. 경계를 넘는 공부를 하면 기존 학문을 객관적인 시각에서 바라볼 수 있어 남다른 강점을 가질 수 있고 차원이 다른 성과를 낼 수 있다.

율곡 역시 불교나 도교적인 관점에서 보았기에 유학의 장단점과 전체적인 그림을 조망해볼 수 있었다. 그러니 주자학이 가지고 있던 모순도 눈에 보였던 것이다. 주자학에만 빠져 있던 다른 유학자들은 성리학의 내면적인 질서인 심성의 수양만을 강조했지만, 율곡은 성리학의 외부에서 객관적인 진리를 추구하는 경향을 보였다.

성리학을 집대성했다는 주자 자신마저도 허령통철이 인간의 보편적인 본성임을 인정하면서도 안회와 같은 성현만이 도달할 수 있는 경지라고 하는 일관돼 보이지 않는 모호한 입장을 표명했던 문제에 대해서 율곡이 자신의 학문 체계에서 단호하게 모순을 배격하고 일관된 입장을 보일 수 있었던 것도 어쩌면 그 때문이었을 것이다.

당시의 일반적인 유학자들은 이 같은 문제를 만나게 되면 성인의 말은 이렇게도 들리고 저렇게도 들리니 일단 수양하라는 식으로 두루뭉술하게 넘어갔다. 사실 조선 유생들이 동경한 송대 성리학 자체가 거대 담론으로서의 장점은 갖추었지만, 세부적으로 살펴보면 개념 규정이 불분명한 부분들이 눈에 띄는 등 전후가 정합성 있는, 아귀가 딱딱 들어맞는 완벽한 논리적 체계를 정립하지는 못한 상태였다. 그렇기에 명대에 와서는 왕양명 등에 의한 양명학의 공격에 노출될 수밖에 없었다.

이에 비해 율곡은 인간의 본성은 지선(至善, 지극히 선함)이며 허명(虛明, 본성은 밝음)하고, 허령통철(본성은 모든 이치를 관통함)한 것이라는 흔들림 없는 확신이 있었고, 스스로 집대성한 학문을 통해 수미상응(首尾相應), 즉 처음과 끝이 다르지 않은 일관성 있는 주장을 펼쳤다.

이런 주장을 할 수 있었던 것은 불교를 통해 이미 내 마음이 부처요, 모든 것은 마음이 만들어낸다는 철학을 체득했기 때문이다. 율곡이 의식했든 의식하지 않았든 불교와 도교적인 사상 체계는 이미 율곡의 내면에 들어와 자리 잡았고, 그 사상들이 율곡의 유학을 객관적이고 고차원적인 것으로 끌어올렸다.

적당한 성적을 내는 것은 기존 공부법으로도 충분하지만, 상위 0.1퍼센트 안에 드는 성적을 내는 사람들은 이처럼 경계를 넘어 공부한다. 남처럼 해서는 남과 다르게 될 수 없다는 말도 있지 않은가? 남다른 성적을 내고 싶다면 기존의 경계를 넘나드는 공부를 해야 한다.

---

1 인용한 날짜의 《조선왕조실록》 내용 중 율곡의 출가 나이는 객관적인 사실과 다르다. 실제로는 19세 되던 해 3월에 입산하여 20세 봄에 다시 속세로 돌아왔다. 다만 이 기록을 통해 율곡이 기존 유생들과 달리 경전에 얽매이지 않았다는 대의는 분명히 취할 수 있다.
2 소강절(邵康節, 1011~1077년): 본명은 소옹(邵雍)으로 중국 북송 시대 성리학자며, 상수학자(象數學者)다. 청년 시절 북해(北海) 이지재(李之才)에게서 도서선천상수학을 전수받았다. 역학(易學)에 능통하였고, 주저(主著)인 《황극경세서(皇極經世書)》가 유명하다.

지어지선止於至善 공부법
깊은 공부는 선한 마음과 함께한다

장원급제의 마지막 비결로 선한 마음으로 공부하라는 것을 들고 싶다. 절박한 심정으로 하는 것과 선한 마음으로 하는 것은 다르다. 율곡은 생계와 콤플렉스로 인해 절박한 마음으로 공부했지만, 종국에는 성현이 되고 백성을 돕겠다는 선한 마음은 잊지 않았다.

공부를 착하게 하라는 말이 다소 낯설게 들릴 수 있을 것이다. 경쟁에 익숙한 현대인들에게는 더욱 어색하게 느껴질 것이다. 9·11 테러 사건 때 테러리스트를 용서한 미국인들의 인터뷰를 보면, 자기의 남은 생을 잘 살아내기 위해서, 상대가 아닌 자기 자신이 행복해지기 위해서 용서하기로 마음먹었다고 한다. 사람은 독한 마음, 누군가를 미워하는 마음으로는 오래 버틸 수가 없다. 그 독이 먼저 자신을 해치기 때문이다. 다음은 《대학》에 나오는 말이다.

부유함은 집을 윤택하게 하고, 덕은 일신(一身)을 윤택하게 하니, 마음이 광활해지고 몸이 퍼지는 것이다. 따라서 군자는 반드시 그 뜻을 성실하게 한다.

덕을 쌓으면 자신도 평안하고 다른 사람도 감화시킬 수 있다는 말이다. 공부 역시 이렇게 덕성스러운 마음 상태일 때 잘되는 것이다. 무엇보다 마음이 광활하고 몸이 퍼져야 공부도 잘되지 않을까?

공부라는 장거리 여행을 떠나는 사람에게는 선한 마음과 덕성이 누구보다 필요하다. 공부를 열심히 해서 나도 잘되고 우리 가족 우리 이웃도 잘되게 하겠다는 마음을 가져야 한다. 율곡이 평생토록 학문을 지속하고 수백 년이 흘러도 잊히지 않는 대학자가 된 것도 선한 성품이 있었기 때문이다. 이것은 율곡이 살았던 삶을 통해서 증명된 것이기도 하다.

진리는 선한 마음과 어울린다

율곡의 어린 시절 중 가장 주목할 점은 마을 사람들 누구보다 착했다는 것이다. 5세 때 어머니가 병에 걸려 위독하자 온 집안사람들이 걱정하였다. 그때 율곡은 남몰래 외조부 사당에 들어가 어머니가 쾌유하게 해달라고 매일같이 기도했다. 얼마 후 집안 식구들이 그 일을 알고 어린 율곡을 위로하면서 끌어안고 집으로 돌아왔다.

또 하루는 마을에 큰비가 내려 시냇물이 불어 넘쳤다. 그때 한 사내가 시내를 건너다 미끄러져 위험에 처했다. 동네 아이들은 손뼉을 치며 웃는데 어린 율곡만 기둥을 끌어안은 채 애를 태웠다. 그러다 그 사내가 어렵게 물에서 빠져나와 죽음을 면하자 비로소 숨을 크게 내쉬며 안도했다.

9세 때는 장유유서(長幼有序)와 붕우유신(朋友有信)에 관한 덕목을 그림과 글로 설명해놓은 《이륜행실도(二倫行實圖)》를 보다가 당나라의 장공예라는 사람이 9대 친족과 함께 살아가는 대목을 읽고 "9대가 함께 산다는 것은 어려움이 따를 것이나 형제간이 서로 흩어질 수는 없는 노릇"이라며 형제가 부모를 받들고 사는 그림을 손수 그려놓고 감상했다. 또한 이름난 현자, 장수, 재상에 관한 글들을 모아 성명과 행적을 분류해서 기록하고 거듭 읽으며 마음공부를 했다.

태생적으로 보이는 율곡의 이러한 선함과 당시 학문은 어떤 관계가 있을까? 공맹의 유학으로부터 주자의 성리학에 이르기까지 그 근본 바탕은 인간이 선하다는 믿음에서 출발한다. 남을 사랑하고(애인愛人), 자신의 마음에 비추어 자신이 원하지 않는 것을 남에게 하지 않는다(기소불욕己所不欲, 물시어인勿施於人)는 인(仁)을 최고 덕목으로 삼은 공자의 사상이 맹자의 성선설로 이어졌고, 그것이 유학의 뿌리가 되었다. 맹자는 사단(四端)을 근거로 인간의 본성이 선하다는 것을 주장했다. 사단은 측은지심, 수오지심, 사양지심, 시비지심으로 대표되는 인의예지다.

맹자는 이 사단에 대해 "인의예지(仁義禮智)는 외부에서 나에게 다가와 나를 교화시키는 것이 아니라 본래 내 안에 있는 것"이라 하였다.

이 유가의 성선설은 다시 송나라의 정이가 제창하고, 남송의 주자에게까지 이어져, 성즉리(性卽理, 우주의 이치가 인간의 본성에 있음)의 사상을 바탕으로 한 성리학이 되었다. 이렇게 유학의 뿌리에 성선설이 있었기 때문에 천성적으로 선한 마음을 가졌던 율곡은 성선설에 깊이 공감하면서 솜이 물에 젖듯 자연스럽게 공부에 심취할 수 있었다.

그렇기에 단순히 과거 급제만을 목표로 공부했던 사람들보다는 더욱 깊은 학문의 심연에까지 이를 수 있었고 출세 욕심에만 사로잡혔던 사람들보다 더 큰 성공을 이룰 수 있었던 것이다.

비단 유학이 아닐지라도 선한 성품과 보편적 진리는 잘 어울린다. 율곡이 공부를 잘하게 된 것은 어려서부터 덕을 존숭하는 선한 자질이 있었기 때문이다. 만일 선한 자질이 부족했다 해도 신사임당을 통해 어린 시절부터 경전을 두루 공부하며 인간의 선한 본성과 지속적인 교감을 나누어왔던 터라 선한 면은 분명 강화되었을 것이다. 여하튼 율곡의 선한 성품이 보편적인 진리를 설하는 학문과 잘 맞았던 것은 분명해 보인다.

또한 인간의 감정을 다루는 학문도 선한 인간의 본성과 잘 어울린다. 《논어》에서 공자는 말하기를, "시 300편을 한 마디로 정리하면, 사무사(思無邪)"라 하였다. 여기서 '시'는 《시경》을 가리킨다.

《시경》에 실린 시는 총 311편이지만, 그중 6편은 제목만 있으니 정확히는 305편이라 하겠다. 《시경》의 모든 시를 단 세 글자로 요약하면 사무사, 즉 생각함에 사악함, 삿됨이 없는 것이라 할 수 있다. 생각에 삿됨이 없다는 것은 천리로 돌아가는 것이고, 이것은 선하고 무한한 능력을 가진 인간의 본성을 밝히는 것이다. 이처럼 인간의 감정을 담은 시도 인간의 본성인 선함과 연결되는 것이다. 그렇기에 학문을 할 때는 반드시 선한 마음가짐을 가져야 한다. 그래야 학문과 주파수가 잘 맞게 된다. 이는 비단 유학에 국한된 얘기만이 아니다. 현대의 자연 과학이든 인문학이든 결국에는 자연과 인간의 숨은 이치를 공부하는 것이기 때문이다.

현대 교육의 관점에서 살펴보아도 마찬가지다. 교육의 목표가 물질과 산업, 기계 중심에서 인간 중심으로 전환하려는 노력은 점점 가속화되고 있다.

1987년 이래 유엔은 지속 가능한 발전을 지원할 수 있는 교육에 대해 고민하고 연구해왔다. 그 결과 유엔은 유네스코 세계교육위원회를 통해 지속 가능한 발전을 위한 교육을 실현하기 위해 다섯 가지 개념을 제시했다. 그것은 알기 위한 교육, 존재하기 위한 교육, 함께 살기 위한 교육, 실천하기 위한 교육, 자신과 사회에 대한 인식을 서로 협력하는 방향으로 전환하는 교육이다.

우리 사회가 앞으로도 지속 가능한 발전을 이루려면 이 다섯 가지 개념에 대한 교육이 필요하다는 것이다. 이것은 결국 공존을 위해 실천하는 교육이 필요하다는 말이다. 우리 사회의 지속을 위해서는 공존을 위한 마인드를 먼저 학습시켜야 하며, 그러한 바탕을 가진 사람이 성공할 수 있는 사회로 점점 바뀌어가야 한다.

선한 마음을 방향키로 잡아라

율곡은 잔치가 있을 때나 고기를 먹을 기회가 있을 때도 쇠고기를 먹지 않았다. 율곡은 평소에 말하기를, "국법에 있는 것은 아니지만, 사람들이 소를 실컷 부려서 그 힘을 다 소진시켜서 사용하고, 또 그 고기마저 씹는 일이 어찌 어질다 하겠는가" 하였다.

그러다 마침 조정에서 쇠고기를 먹지 못하게 하는 법령을 내렸다. 잔치에 중요한 노동력인 소를 잡는 것이 불가하다는 판단에서였으니, 농사를 진흥하기 위한 정책이었던 것이다. 이 소식을 듣고 율곡은 더욱 득의하여 말하기를, "국법으로까지 금하는 일이니 더욱 범할 수 없는 일"이라 하며 그 후로 한동안 제사 때도 쇠고기를 쓰지 않았다.

'사필귀정(事必歸正)'이라는 말이 있다. 대중은 결국 공정함을 추구하게 마련이다. 선한 마음으로 공정함을 지향하는 자세를 가지면 인정받을 것이고 성공도 거둘 수 있을 것이다. 그리고 그 성공은 자신에게도 좋고, 남에게도 좋은 것이니, 공부하는 과정도 편안하고 즐거울 수 있다.

우리는 흔히 우리 내면이 만들어나가는 위대한 힘을 잊고 산다.

우리가 본성을 망각하거나, 본성에 반하는 행동을 했을 때 어려움에 처하게 되는 것을 《대학》에서는 이렇게 경계한다.

"뭇사람이 미워하는 것을 좋아하며, 뭇사람이 좋아하는 바를 미워하는 것을 일컬어 본성을 배척한다고 하는 것이니 반드시 그 몸에 재앙이 미칠 것이다."

보편적인 선을 거스르는 것은 천리를 거스르는 것이니 재앙까지는 아니더라도 무리를 하게 만들어 공부에도 좋지 않은 영향을 준다.

《대학》에 '지어지선(至於至善)'과 '성의정심(誠意正心)'이라는 말이 나온다. 지어지선은 지극한 선에 머무른다는 것이고, 성의정심은 뜻을 성실하게 하여 마음을 바르게 한다는 것이다. 《대학》의 첫 문장이 이것을 명확하게 제시하고 있다.

《대학》에서 말하는 도는 밝은 덕을 밝힘〔명명덕明明德〕에 있으며 백성을 새롭게〔신민新民〕 하고, 지극한 선에 그침〔지어지선止於至善〕에 있다.

이 문장에 대해 주자는 다음과 같이 주석하였다.

《대학》은 대인의 학문이다. 명(明)은 밝히는 것이다. 명덕(明德)은 사람이 하늘에서 얻은 것으로 허령하고 어둡지 않아 보편적인 이치로 만사에 응하는 것이다. 다만 기품에 구애되고, 인욕에 가려지면 어두워질 수 있으나, 그 본체의 밝음은 쉰 적이 없다.

따라서 학인은 마땅히 그 발하는 바를, 즉 움직이는 것을 바탕으로 명덕을 밝혀, 그 처음을 회복해야 한다. 백성을 새롭게 한다는 신민(新民)은 옛것을 고치는 것으로 이미 명덕을 밝혔다면, 마땅히 남에게 그 영향을 미쳐서 사람들로 하여금 옛날에 물들었던 더러운 것을 제거하게 해야 한다.

지(止)는 여기에 멈춰서 옮기지 않는다는 뜻이고, 지선(至善)은 사리(事理)의 마땅한 극치다. 이것은 명명덕과 신민을 지선 경지에 그쳐서 옮기지 않는 것을 말한다. 반드시 천리의 극치를 다하고, 일호(一毫)라도 인욕의 사사로움이 없어야 한다.

《대학》의 뼈대라고 할 수 있는 삼강령(三綱領)인 명명덕, 신민, 지어지선 중에서도 한 개인에게 가장 우선하는 것은 지어지선이다. 명명덕과 신민도 지어지선를 목표로 한다.

공부를 시작하기 전에 가장 올바른 방향을 설정해야 한다. 약간의 오차가 나중에는 천길만길의 차이로 드러나기 때문이다. 따라서 학인은 항상 지어지선을 마음에 품고 있어야 한다.

결론적으로 공부에는 지어지선과 성의정심이 중요하다. 지극한 선에 머무르겠다는 것, 그 방향성으로 마음을 정하고 뜻을 성실하게 하여 노력하는 것이다. 방향을 올바르게 정하지 않으면 끝까지 노력을 다할 수 없다. 등대가 없어 언제 난파될지 모르는 배처럼 불안한 것이다. 착한 마음, 인간의 본성, 지선에 대한 믿음이 가장 넓고 단단한 공부의 반석이 되는 것이다.

공부의 결과물, 사회적 성공까지 생각하라

유학은 공부의 결과물이 정치로 나타나게 된다. 따라서 공부의 발단을 위해서도 착한 마음은 중요하고, 그 실천을 위해서도 선한 마음이 중요하다. 율곡은 맹자의 뜻을 계승하여, 선한 자는 마땅히 천하를 다스릴 수 있다고 하였다. 《율곡전서》를 보면 율곡이 임금에게 성혼을 천거하는 일화가 나오는데, 율곡이 학문과 정치에서 선의(善意)를 얼마나 중시했는지 분명하게 알 수 있다.

"상께서 성혼을 예우하시는 것은 근래에 보기 드문 일입니다. 다만 잘 알 수 없는 바가 있어 여쭙습니다. 그 사람을 등용하려 하시는 것입니까? 아니면 한번 만나보기만 하시려는 것입니까?"
"성혼이 어질다는 것은 이미 들어서 알거니와 재주는 어떠한가?"
"성혼의 사람됨이 착한 것을 좋아합니다. 착한 것을 좋아하는 것이 천하를 다스림에 족합니다. 이 어찌 쓸 만한 인재가 아니겠습니까?"
박순[1]이 이 이야기를 전해 듣고 "숙헌(叔獻, 율곡의 자[2])이 조정에 나아가니 내 마음이 기뻐 잠을 이루지 못하겠다" 하였다.

율곡의 선에 대한 믿음과 사람 관계라는 것이 대개 이와 같았다. 덕성과 학문의 진전, 사회적 성공은 결코 무관하지 않다. 《맹자》〈진심〉편에도 덕성과 출세의 관련성에 대한 이야기가 나온다.

맹자는 송구천에게 말했다.

"그대는 유세(遊說, 사방에 자기 의견을 말하고 채택해주기를 바람)를 좋아하는가? 내가 유세에 대해서 말해주겠다. 사람이 알아주어도 태연하게 너의 말을 하고, 알아주지 않아도 태연하게 너의 말을 이야기한다."

"어떻게 그리합니까?"

"덕을 존숭하고 의를 즐기면 그리할 수 있다. 선비는 궁지에 몰려도 의로움을 잃지 않고, 영달하여도 도와 떨어지지 않는다. 그렇기에 백성이 실망하지 않게 되는 것이니, 옛사람은 뜻을 얻으면 백성에게 은택(恩澤)이 더해지고, 뜻을 얻지 못하면 수신하여 세상에 알려지게 되었다. 궁한즉, 선함을 지켜가고, 영달한즉, 천하를 감화시켜 착하게 만드는 것이다."

맹자의 이 말은 수신하여 선함을 이어가는 것이 세상에 유세하여 뜻을 펼치려는 자에게 정치적으로 성공하는 바탕이 된다는 것이다. 그리하여 뜻을 얻는다면, 즉 관리나 지도자가 되면 세상에 복이 되고 그렇지 않더라도 그 명성이 높아간다는 것인데, 현대 정치인들이 되새겨볼 만한 이야기다.

혹 일시적인 경쟁심이 분발의 요인이 될 수도 있지만, 지나치면 곤란하다. 경쟁심을 넘어 복수심을 갖거나 남을 짓밟고 일어서겠다는 마음을 품으면 자신이 먼저 망가지는 법이니 오래 학문을 할 수 없고 시험에 합격했다 해도 그 후가 더 문제다. 사회적으로도 문제를 일으켜 결국에는 지탄받는 대상으로 전락할 것이다. 결론적으로 선한 바탕으로 공부하는 습관은 학문적 성취는 물론 사회적 성공을 굳건히 하는 데도 도움이 된다.

공부라는 자기 자신과의 긴 승부에 이기는 사람들은 공부의 매력에 충분히 빠질 수 있다. 공부라는 바다에 머리까지 잠기게 할 수 있는 사람은 그 이치에 동화될 수 있는, 진리 앞에서 겸허한 자세를 갖춘 선한 사람인 것이다. 이렇듯 다가올 미래를 내다보며 공부하는 사람들이라면, 지어지선 공부법에 확신이 있어야 한다.

유명한 사회학자이자 미래학자인 제러미 리프킨은 《공감의 시대》에서 지금 우리가 맞이한 곧 다가올 시대는 '공감의 시대'라 했다. 공감 능력이 뛰어난 사람만이 살아남고 성공한다는 것이다. 리프킨은 이 책에서 많은 자료로 그 주장을 뒷받침하고 있는데 교육과 관련된 것이 있어 소개한다.

공감의 개발을 강조하는 새로운 교육 혁명의 바람이 불고 있다. 2009년 4월 〈뉴욕타임스〉는 미국 교실에서 일어나는 공감 혁명을 1면 기사로 보도하고 있다. 이 기사는 공감을 주제로 하는 워크숍과 교과 과정이 실시되고 있는 열여덟 개 주의 실태를 전하면서, 이런 선구적인 교육개혁 프로그램에 대한 초기 평가는 매우 고무적이라고 소개하고 있다. 학교들은 공격, 폭력, 그 밖의 반사회적 행동이 크게 줄고, 징계 사례는 감소한 반면 학생들 사이의 협동심과 친사회적 행동은 늘었으며, 교실에서 수업에 대한 집중도가 높아졌고, 배우려는 욕구와 중요한 사고 능력이 크게 향상되었다고 보도하고 있다.

공감할 수 있는 친사회적인 성향이 학습에도 도움이 된다는 것이다. 선한 마음은 바로 공감하는 마음에서 비롯된다. 율곡은 공감 능력이 뛰어났고, 그렇기 때문에 학문에도 더 깊이 심취할 수 있었던 것이다.

《공감의 시대》에 따르면, 뉴욕의 컬럼비아 경영대학원은 다른 경영대학원과 마찬가지로 사회적 지능 교육을 MBA 과목에 도입했는데, 이 사회적 지능 프로그램은 다른 사람들과 협력하고, 동기를 부여하고, 리드할 수 있는 심리적 포용력에 대한 관심에서 만들어진 프로젝트였다. 제러미 리프킨은 그 프로젝트가 교실과 공동체에서 공감적 기술을 경험하는 기회를 제공한다고 역설하고 있다.

세계 유수의 경영대학원에서도 다른 사람과 공감하고 포용하는 능력이 한 기업의 최고경영자나 세상을 이끌어가는 리더들에게 앞으로 더욱 중요한 역량이 되리라는 것을 꿰뚫어본 것이다.

사회 지능, 공감 능력이 바로 선한 마음의 다른 표현이며, 학습자들의 학습 능력을 고취시키기 위해서라도, 개인의 사회적 성공과 우리 사회의 미래를 위해서라도 이는 반드시 필요한 덕목이다. 따라서 공부하는 사람의 선한 마음은 마땅히 개발되어야 한다.

이렇듯 공감할 수 있는 선한 마음을 가진, 즉 사회 지능이 뛰어난 사람들이 성공하는 시대로 세상은 점점 변하고 있다. 공부하는 과정이 행복하려면, 혹은 다가올 시대의 주역이 되거나 사회적으로 성공하고 싶다면 지어지선 공부법을 잊어선 안 될 것이다.

율곡의 생애, 율곡의 공부법

2부 마지막을 맞아 율곡의 공부법 전체를 요약해서 정리하고자 한다. 물론 율곡이 독서법에서 이야기했던 것과 같은 규칙을 정해서 적당한 여가를 즐기라는 등의 세부적인 이야기는 다루지 않을 것이다.

율곡의 장원급제 공부법의 뼈대는 입지 공부법에서 교기질 공부법, 혁구습 공부법, 구용구사 공부법, 금성옥진 공부법까지의 '수신 학습법'이다. 그 수신 학습법에 각론 형태로 일목십행 공부법, 택우문답 공부법, 경계초월 공부법, 지어지선 공부법이라는 살이 덧붙여진 것이다.

이 수신 학습법의 목표는 공부하는 체질로 바꾸는 것이다. 공부하는 체질로 바꾸기 위해서는 무엇보다 먼저, 자신에 대한 철저한 믿음을 바탕으로 분명하고 구체적인 목표를 세워야 한다. 스스로에게 흔들리지 않는 동기부여를 하고 자신이 공부의 중심에 서는 것이다.

그다음으로 교기질을 실천해야 한다. 그 핵심은 극기복례를 통해 청탁수박이라는 자신의 개성적인 기질과 무관한 밝고 지혜롭고 성실한, 무한한 능력을 지닌 허령통철한 보편적 본성을 찾는 것이다. 공부하는 체질을 완성하기 위해서는 혁구습과 수신에 집중해야한다. 이는 과거의 잘못된 습관을 버리고, 좋은 습관으로 채워 공부의 기본 틀을 굳건하게 세우는 것이다. 이때 특히 중요한 것은 근독, 즉 혼자 있는 시간을 철저히 관리하여 공부의 흐름이 끊기지 않게 하는 것이다.

끝으로 적당한 긴장감으로 집중력을 이어가면 어느새 공부하는 체질로 거듭난 자신을 발견할 수 있을 것이다.

율곡의 장원급제 공부법이 고루한 옛이야기가 아니라 시대를 뛰어넘어 통용될 수 있다는 근거는 현대 과학이 낳은 다양한 성과를 통해서 확인할 수 있었다.

뇌 가소성에 따르면, 우리에게는 노력 여하에 따라 무한한 가능성의 길이 열려 있다. 반복 학습을 하면 뇌에 학습을 잘할 수 있는 새로운 길이 만들어진다. 긴장감은 집중할 수 있는 호르몬을 제공한다. 집중력은 불필요한 정보를 걷어내고 의미 있는 정보를 통해 새로운 신경망을 만들고, 이 신경망은 장기 기억을 하는 데 필수 기반이 된다. 집중을 통해 뇌에 반복되는 신호를 주면 이것은 장기 기억을 넘어 절차 기억이 된다. 마치 우리가 자연스럽게 걷고 말하는 것처럼 무의식적으로 행할 수 있게 되는 것이다. 절차 기억을 연구하는 사람들은 절차 기억이 한 사람의 성격을 형성한다고 한다. 반복 학습과 집중력을 통한 노력이 습관이 되고 체질이 되는 것이다. 이렇게 해서 공부하는 체질로 거듭난다.

공부하는 체질을 완성하면 독서는 자연스러운 습관이 되고 방대한 독서를 통해 학문의 깊이를 더해 갈 수 있다. 이때 중요한 것은 기존 학문의 한계에 갇히지 말고 경계를 뛰어넘어 공부해야 한다는 것이고, 사회적 교류를 통해 공부를 더욱 숙성시킨다면 남다른 성과를 올릴 수 있을 것이다. 이 모든 과정에서 선한 마음을 잊지 않는다면 공부하는 과정에서 몰입하기도 더 편해질 것이며, 지행합일을 이뤄 세속적인 성공을 넘어 더 큰 업적을 이룰 수 있고, 적어도 보람 있는 삶을 살 수 있다. 그리고 이것이야말로 율곡의 공부하는 삶이었다.

그렇다면 지금까지 논의한 아홉 가지 장원급제 비결을 율곡의 생애와 연결지어 하나의 흐름으로 파악해보자. 지금까지의 설명과는 다른 관점에서 율곡의 공부법을 살펴볼 수 있는 기회가 될 것이다.

율곡은 어려서부터 선한 천품을 가지고 있었다. 여기에는 신사임당의 교육도 크게 작용했다. 선한 천품은 하늘의 이치와 인간의 본성이 하나라는 성리학의 근본이념과 일맥상통하는 면이 있었다. 따라서 율곡은 자신과 가족, 사회를 잘살게 하고 싶다는 선한 마음을 바탕으로, 지극한 선에 머무는 지어지선을 방향키로 삼아 겸허하게 학문에 몰입할 수 있었다.

신사임당을 통해 자연스럽게 책 읽는 습관을 들였고, 어머니가 돌아가신 후 여막에서 생활하며 방대한 독서를 했고 이때 읽었던 책은 두고두고 율곡이 학문을 지속하는 데 기반이 되었다. 아버지가 후처를 들이면서 가정에 불화가 생겼고, 그동안 공부했던 유교의 경계를 뛰어넘어 불교와 도교에 관한 사상을 심도 있게 파고들고 싶은 마음도 복합적으로 작용하여 금강산으로 떠나게 된다.

금강산에서 불도를 닦고 천하를 유람하는 경험을 쌓으면서 새로운 학문에 대한 경지를 스스로 열어나갔고, 다른 유학자들이 경험하지 못한 경계를 초월하는 공부를 하게 되었다. 1년 후 다시 고향으로 돌아와 가난하고 불우한 가정을 일으키기 위해 출세를 결심하게 된다.

막상 집으로 돌아왔을 때 율곡이 처한 처지는 한심하였다. 집은 가난하고 가정은 여전히 불안했으며, 자신은 한때 불교에 빠졌던 사람이라는 낙인만 찍힌 상태였다. 이런 상황에서도 율곡은 좌절하지 않고, 콤플렉스를 큰 도약을 위한 발판으로 삼아 남보다 절박한 심정으로 중도에 포기하지 않겠다는 각오로 공부를 시작했다.

〈자경문〉으로 입지를 분명하게 하고, 인간 본성에 대한 철저한 믿음으로 과거에 저지른 과오를 바로잡는 혁구습, 올바른 습관을 채워나가는 수신을 병행하며 학문에 매진한다. 학문에 매진할수록 율곡의 체질은 공부하는 체질로 확고하게 자리를 잡아갔다. 또한 삶의 태도를 바로잡는 혁구습과 수신을 병행하다 보니 끊기지 않는 안정적인 흐름으로 학문을 지속할 수 있었고, 공부는 일취월장하게 된다. 또한 의문점이 있으면 퇴계나 성혼과 문답을 주고받으면서 자신의 학문에서 모호한 점을 없애고, 부족한 점을 보완하여 학문의 깊이를 더해갔다.

그 결과 장원급제를 하였고, 장원급제한 이후에도 〈자경문〉에서 다짐한 것처럼 평생 책을 놓지 않고, 벗과 논쟁하며 공부를 지속하여 사회적으로도 성공했을 뿐만 아니라 오랜 세월을 뛰어넘어 퇴계와 더불어 조선을 대표하는 학자의 반열까지 오르게 되었다.

구도장원공이 된 이후의 행보는 평생의 공부와 함께 국가의 중요 직책을 두루 역임하면서 공부한 것을 지행합일의 정신으로 가족과 백성과 임금으로 대표되는 나라에 직접적으로 실천하는 것이었다. 다음 3부에서는 그 실천 과정과 율곡의 평생 공부에 대해 살펴볼 것이다.

1　박순(朴淳, 1523~1589년): 조선 중기 문신으로 서경덕의 문인이었으며, 1553년 명종 8년에 문과에 장원급제하였다. 윤원형 등 척신 세력을 탄핵하였고, 1579년에는 영의정에 제수되어 15년 동안 재직하였다. 이이가 탄핵되었을 때 비호하다 사간원과 사헌부의 탄핵을 받고 스스로 관직에서 물러나 은거하였다.

2　자(字): 자는 결혼한 이후 본명 대신 부르는 이름. 자는 친구들이 편하게 부를 때 자주 사용한다.

〈자경문〉 전문과 풀이

1. 먼저 그 뜻을 크게 가져야 한다. 성인을 준칙으로 삼고 일호라도 성인에 미치지 못하였다면, 아직 내 사업은 끝난 것이 아니라는 마음을 갖는다.

2. 마음이 안정된 사람은 말이 적다. 정심(定心, 가라앉힌 마음)은 과언(寡言, 말수가 적음)으로부터 시작한다. 적절한 때를 얻은 다음 말을 한다면, 그 말은 간단해질 수밖에 없다.

3. 오랫동안 방심하다 하루아침에 수렴하여 힘을 얻는 것이 어찌 용이하겠는가? 마음은 살아 있는 생물 같은 것이니 힘써 안정시키지 않으면, 즉시 요동하여 안정되기 어렵다.

마음에 염려가 가득하고 생각이 분분할 때, 마음을 먹고 생각을 일으켜 끊어내려 하면 점점 더 어지러운 생각이 생겨났다 끊어졌다 하면서 마음대로 되지 않는다. 설령 끊어냈다 하더라도 그 끊어졌다는 생각이 가슴속에 가로놓인다면 그 또한 망념이다.

따라서 생각이 분분할 때는 정신을 수렴하여 가볍게 그대로 두고 함부로 끌려다니지 마라. 이렇게 오랫동안 공을 쌓으면 반드시 때에 맞춰서 하나의 일에 집중할 수 있을 것이니 이 역시 정심 공부다.

4. 항상 의사(意思)에 징계함과 두려움을 가지고 근독(謹篤)하는 마음을 가져야 한다. 생각하고 또 생각하며 게을리하지 않는다면, 일체의 삿된 생각이 자연히 사라진다.

5. 만 가지 악이 근독하지 않는 데서 생겨난다.

이 근독에 대해서는 경전에서도 누차 다루고 있다. 간단히 《중용》에 나오는 두 구절을 살펴보겠다.

"숨겨진 것보다 잘 보이는 것이 없으며 미미한 것보다 잘 드러나는 것이 없으며, 군자는 홀로 있을 때 삼가는 것이다."

"군자가 중용할 수 있는 까닭은 군자는 덕이 있고, 능히 때를 따라서 중에 처하기 때문이다. 소인이 중용에 반하는 까닭은 소인의 마음이 있고, 꺼리는 바가 없기 때문이다. 중은 일정한 체가 없이 시점에 따라 있으니 이것이 바로 평상의 이치다. 군자는 이것이 자신에게 있음을 안다. 그렇기 때문에 보지 않을 때도 경계하고 삼가며, 듣지 않을 때도 두려워하여 때마다 적중하지 않음이 없고, 소인은 이것이 있음을 모르니, 방자하게 욕심을 부리고 망령되니 행동에 거리낌이 없기 때문이다."

율곡 역시 자신을 경계하는 데 있어서 근독에 큰 비중을 두었기 때문에 이 조항을 거듭 남긴 것이다.

6. 근독한 연후에 '기수에서 목욕하고 시를 읊으며 돌아가는' 의미를 알게 된다.

'기수에서 목욕하고 시를 읊으며 돌아간다'는 것은 《논어》에 나오는 내용으로 인간이 본성과 천리에 따라 자연스럽고 흡족하게 사는 것을 말한다.

7. 새벽에 일어나서는 아침의 일을 생각한다. 아침 식사를 한 후에는 낮에 할 일을 생각하고, 취침할 때는 내일의 일을 생각한다. 일이 없으면 방하하고, 일이 있어 조치를 취할 때는 마땅히 도에 합당한 바를 얻어야 하고, 그리한 연후에 독서를 한다. 독서는 시비의 판단을 구하는 것으로 만일 실질적인 행사를 할 때 성찰이 없이 독서만 한다면 이것은 무용한 학문이 되는 것이다.

8. 재물과 영리에 대한 생각을 청소했다 하더라도 처사(處事, 일을 처리함)를 할 때 하나라도 편하려는 생각이 있다면, 이것 역시 이익을 탐하는 것이니 더욱 성찰해야 한다.

9. 범사에 임할 때 해야 할 일이면 지극히 해야 한다. 정성을 다해야 하고, 싫어하거나 게을리해서는 안 된다. 하지 말아야 할 일이면 단호하게 끊어내고 마음속에서 시비가 교전하게 해서는 안 된다.

10. 항상 하나라도 옳지 않은 일을 해야 한다거나, 한 사람이라도 죄 없는 이를 죽여야 한다면, 천하를 얻는다고 해도 하지 않는다는 생각을 흉중에 간직해야 한다.

　우암 송시열의 문집을 보면, 율곡은 《맹자》를 보고 불의한 일을 행하고 무고한 사람을 죽여야 한다면 천하를 얻는 일이라도 하지 않는다는 말을 자주 드러내어 이야기했다고 한다. 스스로 노력하였을 뿐만 아니라 다른 사람에게도 이를 권하였으니, 학자들이 이런 사실을 알아야 한다고 기록되어 있다.

11. 횡역(橫逆, 당연한 이치에 어그러져 있음)이 내게 다가온다면, 스스로 뼈저리게 반성하여 감화를 기약해야 한다.

12. 일가가 화합하지 못하는 것은 단지 성의가 부족하기 때문이다.

13. 밤에 잠을 자거나 아픈 게 아니라면, 드러눕지 말고 기대지도 말라. 밤중이라도 잠이 오지 않으면 눕지 않되 다만 지나치게 얽매일 필요는 없다. 낮에 졸음이 오면 마땅히 정신을 차려 맹렬한 마음으로 깨어 있도록 해야 한다. 눈꺼풀이 무거우면 일어나 두루 걸어 다니면서 정신이 맑게 깨도록 해야 한다.

14. 공부에 노력할 때는 느리지도 급하지도 않게 하라. 공부는 죽은 후에나 끝나는 것이니 급하게 그 효과를 구하지 말라. 이것 역시 이익을 구하는 마음이다. 만약 이와 같지 아니하면 물려받은 신체를 욕되게 함이니 사람의 도리를 다하는 것이 아니다.

3부

율곡, 평생의 공부

구도장원공九度壯元公, 조선 500년 역사의 유일한 기록

율곡은 장원급제하여 관직에 오른 것에 그치지 않고 일생토록 수신하며 공부를 지속했다. 〈자경문〉에서 다짐한 대로 평생의 공부를 실천한 것이다. 3부에서는 그 평생의 공부가 어떠했고 그것을 현실 세계에서 어떻게 실천해나갔는지 알아볼 것이다.

율곡의 평생 공부를 살펴보기 전에 전도양양했던 그의 출셋길부터 살펴보자. 절박했던 오랜 공부의 결실이 과연 어떤 것이었는지 살펴보는 것도 우리가 하는 공부에 동기부여가 될 수 있을 테니 말이다.

율곡은 29세에 마지막으로 대과에 합격하며 구도장원공으로 불리게 된다. 1564년(명종 19년) 29세에 사마시와 문과에 연달아 장원급제한 것이다. 1558년 23세에 천도책으로 별시에 장원급제한 이후에 대과에 합격하기까지 상당한 시간이 걸린 이유는 아버지 이원수 공이 1561년(명종 16년) 율곡이 26세 되던 시기에 세상을 떠났기 때문이다. 율곡은 어머니 신사임당에게 그랬듯이 이번에도 역시 아버지 묘소 옆에서 여막 생활을 하며 삼년상을 치렀다.《명종실록》(명종 20년 11월 18일자)에 관련 기록이 남아 있다.

이이는 성품이 순수하고, 공손하며, 총명함이 뛰어난 인물이다. 불과 7세의 나이에 읽지 않은 책이 없었고, 문장이 풍성하여 사람들이 신동이라 불렀다. 자라서는 산수를 유람하였다. 차분히 생각하며 시를 읊조렸는데, 스스로 깨달은 바가 있었고, 뜻이 원대하였다. 아비가 죽은 후, 지나치게 슬퍼하였고, 3년 동안 죽을 먹으면서 제사에 바칠 음식들을 손수 준비하였다.

율곡은 자신만의 공부법으로 학문을 열심히 닦은 결과, 대과인 명경과까지 수석 합격하며 조선 시대 500년을 통틀어 전무후무한 구장장원(九場壯元)이라는 기록을 세운다. 율곡 사후 영의정이었던 이항복의 기록을 보면 율곡이 세상에 얼마나 큰 명성을 떨쳤는지 짐작할 수 있다.

갑자년(1564년)에 사마시와 명경과에 나아가 연달아 장원급제하니 당대에 구장장원이라 일컬었다. 호조, 예조, 이조 낭관과 정언, 교리, 사가호당 등의 직을 역임하니 명성이 날로 높아갔다.

대개의 경우 문과에 급제하면 9품 벼슬을 받는다. 그런데 율곡은 관직에 출사하자마자 정6품의 직책인 호조좌랑에 임명되었다. 조선 시대에는 장원급제자들에 대한 특별 예우가 있기도 했고, 구도 장원공이라는 율곡의 명성이 그만큼 높기도 했기 때문이다.

당시 장원급제를 얼마나 특별하게 여겼는가를 잠깐 살펴보면, 성균관에서 공부할 때 장원급제한 사람을 동기생 중 맨 앞자리에 앉혔다. 선조 초기에 이 처사가 논란이 되어 연장자가 앞자리에 앉는 것으로 바꾸려 하자, 여기에 반대하는 사람들이 많았다. 태조 때부터 내려오던 관행을 바꿀 수 없다는 것이다. 논쟁이 벌어지자 장원급제 당사자인 율곡이 나서서 "성균관은 인륜을 밝히는 곳으로 장유유서 순서를 폐할 수가 없다. 과거에 왕세자가 성균관에 입학하면 나이대로 앉았으니, 장원이 어찌 왕세자보다 높겠는가" 하면서 반대하는 주장을 묵살하였으니, 좌중이 함구했고 점차 제도가 바뀌었다.

명종이 장원급제하여 처음으로 세상에 나온, 말 그대로 출세(出世)한 율곡에게 경하하는 의미로 '베옷을 벗고 용문(龍門, 임금이 출입하는 문)에 오른다'라는 제목으로 시를 지으라고 명하니 곧 30운의 율시를 지어 바쳤다. 이에 명종은 율곡을 칭송하며 많은 상을 내렸다. 시 일부만 옮겨본다.

석갈등용문(釋褐登龍門, '석갈'은 천민이 입던 갈옷을 벗는다는 뜻으로 문과에 급제하여 벼슬하던 일을 의미함)

해와 달의 광명이 해동(海東)의 하늘에 밝게 드리우니

임금께서 개원(開元, 나라의 터전을 엶)한 지 19년

음양이 정돈되어 사철의 기후가 고르고

오성이 순환하여 규성(奎星)에 모이니•

만물이 성세의 즐거움을 누리고

수많은 인재들이 한록(旱麓, 주나라 문왕의 덕)을 노래하고

구름이 일어나고 비가 내려 곡식이 형통하게 자라고

천류(川流)와 돈화(敦化)••를 물고기와 솔개에게서 볼 수 있구나

초야에 묻힌 현자를 널리 구하니

옥 같은 인재들이 다 조정에 모였으니

누가 숲 속에서 혼자 늙을 것인가

이 외로움 또한 궁민(窮民, 가난하고 힘든 백성)의 한 사람으로

학문을 공부하고 옛 서적을 연구했네

(…)

나라가 은덕을 널리 베풀어도

창생(蒼生, 모든 백성)은 고생과 시름에 허덕이니

백성을 불쌍하게 여기던 주나라 문왕의 은혜를 다하고

백성의 화를 풀어주던 순임금의 오현금(五絃琴, 다섯 줄의 가야
금)을 연주하여

비와 이슬 같은 혜택이 누추한 민가까지 널리 내리고

• 천하가 태평함을 이른다
•• 임금의 덕을 뜻한다

일월의 광명이 화려한 자리에만 비추지 말아야 하며

나라의 번성은 불쌍히 여기는 마음에서 시작되니

광활한 운은 쉼 없이 하늘의 도리를 따라야 한다

언제나 성인의 도는 천리에 합치되니

덕화(德化)의 흐름은 말보다 빠르고

포로(蒲蘆, 갈대와 부들, 민초와 유사한 의미)의 교화는 삼한(三韓)

에 풍족하네

후사(後嗣, 대를 이음)의 상서로운 일이 만세토록 이어지길

거리마다 임금의 덕을 노래하길 바라니

어찌 문필을 기다려 공덕을 노래하겠는가

율곡이 나아간 출셋길을 살펴보면, 30세(명종 20년) 봄에 예조좌
랑, 11월에는 정6품에 해당하는 사간원 정언(正言)에 임명되었다.
벼슬에 오른 지 얼마 되지 않은 신진으로서 갑자기 언관(言官)의
중책을 담당할 수 없다고 사양하였으나 허락되지 않았다. 31세(명
종 21년)에는 다시 이조좌랑(吏曹佐郎)으로 선임되어, 출사를 하자
마자 임금의 총애를 받아 두루 거치지 않은 직책이 없었다.

1568년 33세(선조 1년)에는 퇴계 선생에게 편지를 보내, 다시 관
직을 맡아달라 요청하였고 그해 2월에 사헌부 지평에 임명되었다.
5월에는 천추사의 서장관으로 임명되어 명나라에 다녀왔고 11월
에 다시 이조좌랑에 임명되었다.

이후 홍문관 교리 등을 거쳐 선조 3년에 병으로 사직하고 처가

가 있는 해주 야두촌(野頭村)에 가서 유생을 가르쳤다. 선조 4년에 여러 관직에 임명되었으나 모두 사양하였다. 그러나 같은 해에 지방 수령에 해당하는 청주목사로 임명되자 소임을 맡아 지방민들을 교화하는 데 힘썼다. 선조 5년에 다시 병으로 청주목사직을 사직하였고, 성혼과 이기론, 사단칠정론, 인심도심설에 관해 문답을 주고받았다. 선조 6년 38세에 홍문관 직제학(直提學), 통정대부(通政大夫), 승정원 동부승지(同副承旨), 경연 참찬관(參贊官), 춘추관 수선관(修選官) 등을 지냈다.

선조 7년(1574년)에는 〈만언봉사〉(萬言封事, 만 글자로 된 상소문)를 올렸고, 선조 8년에 《성학집요》를 올렸다. 율곡은 49세(선조 17년, 1584년)의 나이로 세상을 떠날 때까지 가족, 질병 등의 문제로 스스로 물러났을 때는 학문을 연구하고 가족들을 건사하거나 백성을 가르쳤으며, 임금의 요청으로 다시 관직에 올라서는 사간원 대사헌, 이조판서, 병조판서 등 다양한 직책을 역임하였다.

율곡은 출사한 이후에도, 가족과 평생 공부를 위해서 사직을 요청하는 일이 자주 있었고 실제로 여러 번 물러나서 가족을 돌보고 학문 연구에 힘썼다. 다음은 《경연일기》(선조 2년, 1569년)에 나오는 내용이다.

홍문관 교리 이이가 상소를 올려 사직을 원했으나, 임금이 허락하지 않았다. 율곡은 아직 학문이 완성되지 않아 정치에 종사할 수 없다 여기고 예전부터 여러 번 요직을 사퇴하였다.

그리고 이때에 이르러 외조모에게 양육받은 은혜가 있는데, 지금 강릉에 살며 늙고 병들었으나 아들이 없으므로 벼슬을 그만 두고 봉양할 것과 학문이 익은 뒤에 조정에 돌아올 것을 진정(陳情, 실정이나 사정을 밝혀 진술함)하였다.

이에 선조는 "몸이 조정에 있더라도 강릉을 오가며 보살펴드릴 수 있을 것인데, 왜 반드시 하직해야만 하는가"하며 이조(吏曹)에 명하기를, 관직에 종사하면서 조모를 내왕하며 봉양하는 법도는 없으나 교리 이이는 특별히 오가며 보살피게 함이 좋겠다 하니, 이이가 특별한 은혜에 감복하며 일을 계속 보게 되었다는 기록을 찾아볼 수 있다.

율곡이 살아생전에 명성이 얼마나 높았는지 알 수 있는 일화가 대제학 이정귀의 〈율곡시장(諡狀)〉에 남아 있으니 옮겨본다.

선조 15년(1582년) 겨울, 명나라에서 사신이 왔다. 국사편수 황홍헌과 공과급사중 왕경민이 찾아와 조서를 반포한 것이다. 여러 신하가 율곡을 원접사(遠接使, 명나라와 청나라의 사신을 맞아들이던 관원)로 천거하여 국경에 나가 사신을 맞이하게 되었다. 명나라 사신들이 율곡을 한번 보고는 통역관에게 의심스러워하며 물었다.

"산림에 묻혀 지내는 처사의 기상이 있으니, 숨어 있는 선비를 억지로 불러 우리를 대접하는 것이 아닌가?"

"아닙니다. 이분은 삼장장원을 하여 오래도록 시종관(侍從官)으로 있다가 중년에 물러나 여러 해 동안 산림에서 지냈지만, 다시 국왕이 신임하여 일을 맡은 지 벌써 오래니 산림에 있는 선비가 아닙니다."

"그렇다면 '천도책'을 지은 사람이 아닌가?"

"예, 바로 이분입니다."

두 사신은 머리를 끄덕였고, 도중에 서로 시를 주고받았다. 두 사신이 문제(文題, 글 제목)를 내면, 율곡이 붓을 들고 즉시 시를 지었는데, 그 문장과 의미가 모두 아름다워 두 사신이 탄복하였다.

"큰 솜씨로다. 큰 솜씨로다!"

두 사신은 율곡을 도학군자로 모시며 지극히 존경하였으며, 반드시 '율곡 선생'이라 불렀다.

한양에 들어와 문묘에 배알할 적에 벽에 걸린 정자의 〈사잠〉[1]을 보고 선생에게 '극기복례가 인(仁)이 되는 것'에 대해 강의를 부탁하니, 율곡은 곧 설명하는 글을 짓고 해석해주었다. 두 사신은 대여섯 번 읽어본 후 말했다.

"이 말이 지극히 좋으니 꼭 명나라 조정에 가서 널리 알리도록 하겠소."

사신은 돌아가는 길에 압록강에 이르렀는데 정사(正使, 사신의 수석 상사)가 별안간 칠언시와 고율시를 각각 한 수씩 읊으며 화답해달라 하였다. 선생은 즉석에서 시를 지어주니 두 사신이 돌려가면서 읽었다. 작별할 때는 두 손을 맞잡고 헤어지기가 아쉬워 못내 눈물을 흘렸다.

율곡이 원접사로 다녀온 후, 조선 사신에 대한 중국의 접대가 이전과 확연히 달라졌다고 한다. 이상하여 물어보니, 황, 왕 두 사신이 돌아와 경계하여 말하기를 "조선은 참으로 예의를 지키는 나라다. 지금 이후로 사신으로 오는 사람들을 반드시 예로 접대하여 삼가 소홀히 하지 말라" 하였기에 이같이 한다는 것이었다.

이 일에 대하여 논하는 사람들은 조사(詔使, 중국 사신)가 접반사(接伴使, 사신을 맞아 접대하던 관원)에게 이토록 경의를 표하는 것은 전에 없었던 일이며, 이는 율곡 선생의 도덕에 감복해서 그런 것이지, 문장만 숭상하여 그런 것은 아니라 하였다.

이렇게 율곡의 학식과 명성은 조선을 넘어 중원에까지 퍼지게 되었고, 얼마 후 임금은 율곡을 병조판서에 제수하였으나 문무를 함께하기 어렵다며 세 번 사양하였다. 다음 해 정월에 다시 사양하였으나 끝내 허락되지 않아 병조를 맡게 되었으니, 대개 구도장원공이 된 후 율곡의 출셋길은 이와 같았다.

율곡은 출사한 후 임금의 사랑을 듬뿍 받았으니 선조는 율곡을 좋아하여 늘 곁에 두고자 했다. 한때 선조는 동인에 속하는 신진사류들이 이이를 탄핵하는 상소를 받고, 이렇게 답한 적이 있다.

이 상소를 보니 다만 삼사(三司)에서 아뢴 말을 그대로 옮겼을 뿐이다. 사당(邪黨)의 말이 이러하다는 게 이상할 건 없지만, 이이가 당을 만드는 데 이 정도 말로 내 뜻을 움직일 수 있겠는가? 진실로 군자라면 당이 있는 것을 근심할 바가 없고, 다만 그 당이 적을까 걱정할 것이다. 나도 주자의 말을 따라 이이와 성혼의 당에 들어가길 원하니, 다음부터는 너희가 나를 이이와 성혼의 당이라 부르는 게 좋을 것이다. 그래도 할 말이 더 있는가? 앞으로도 이이와 성혼을 비난하기만 한다면 반드시 벌을 주어 용서하지 않으리라.

어느 날은 임금이 조회를 보려고 하는데, 머리에 관이 비뚤어져 있어서 궁빈(宮嬪, 나인)이 그 사실을 임금에게 아뢰니 임금이 깜짝 놀라면서 다른 사람도 이런 모습으로 대하면 안 될 것인데 하물며 이이는 더 말할 것도 없다고 하였다.

구도장원공이 된 이후 이이가 지나온 출셋길과 세간으로부터의 명성을 정리해보았다. 임금조차 이이를 공경함이 이처럼 극진하였으니 다른 대신들과 백성은 두말할 나위 없다.

---

1 〈사잠(四箴)〉: 정이가 지은 〈시잠(視箴)〉, 〈청잠(聽箴)〉, 〈언잠(言箴)〉, 〈동잠(動箴)〉을 말한다. 여기서 '잠(箴)'은 '경계하는 글'을 가리킨다. 《논어》를 보면, 공자는 인(仁)을 묻는 안연에게 극기복례 조목으로 예(禮)가 아니면 보지 말고, 듣지 말고, 말하지 말고, 동하지 말라 하였다. 이를 정주 성리학에서는 '사물(四勿)'이라 하여 학자가 되기 위한 필수 덕목으로 삼았다. 정이는 이에 근거하여 〈사잠〉을 지었는데 〈사물잠〉이라고도 한다.

선비로 산다는 것,
백성과 함께한다는 것

율곡이 백성과 함께한 평생 공부의 요체는 자신이 배운 것을 백성에게 가르치고, 어리석은 백성을 교화하는 것이었다. 물론 그전에 먼저 백성과 함께 고난을 나누는 것을 실천했기에 그런 교육도 가능했던 것이다. 이러한 지행합일의 정신이 율곡의 삶 전체를 관통하는 평생 공부의 큰 줄기였다. 맹자는 〈양혜왕(梁惠王) 상〉편에서, 백성에 대한 애정을 이렇게 표현하고 있다.

항산(恒産)이 없어도 항심(恒心)이 있는 것, 곧 안정된 물질적 기반이 없어도 변함없는 마음가짐을 유지하는 것은 선비만 가능합니다. 만약 백성이 항산이 없으면 그로 인해 항심을 잃게 됩니다. 항심이 없으면 방벽(放辟, 거리낌 없이 마음대로 행동함)

하여 온갖 사악한 행동도 일삼습니다. 이렇게 되면 죄를 짓게 되는데, 죄에 빠지게 만들어놓고 이것을 형벌로 다스린다면 백성을 그물에 빠지게 만드는 것입니다.

율곡은 맹자가 말한 것처럼 늘 백성의 생계를 걱정했고, 그 해결을 위해 다양한 정책을 꾸준히 왕에게 올렸다. 《율곡전서》 33권에 보면, 어느 날 선조가 백성의 교화를 위해 급히 향약을 시행하려 하자 오히려 경연에서 그것을 경계하며 시행을 늦추자고 주장한다. 이유는 백성이 잘사는 것이 급선무요, 백성을 가르치는 일은 그다음이라는 것이었다.

백성들의 굶주림, 삶의 고통이 지금보다 더 심한 때가 없으니, 모든 폐단을 제거하여 거꾸로 매달린 것과 같은 백성들의 고통을 먼저 풀어준 다음 향약을 행해야 합니다. 덕교(德敎, 덕으로 사람을 선함으로 이끌고 가르침)란 마치 쌀밥에 고기반찬과 같은 것입니다. 비위가 심하게 상하여 미음도 잘 못 먹는 상황에 고기가 아무리 좋다고 한들 먹을 수 있겠습니까?

이렇듯 규칙 제정보다 생계 해결을 우선으로 삼는 것이 율곡이 백성을 사랑한 방식이었다. 곱씹어볼수록 통렬하지 않은가? 거꾸로 매달린 것 같은 백성, 오늘날에도 얼마나 많은가? 최악의 가계 빚으로 거꾸로 매달린 것 같은 삶을 사는 이들이 많은데, 위정자들은 폐단을 없앨 생각은 하지 않고 정치만 하고 있다. 본질적인 정치가 아니라 직업으로 먹고살기 위한 정치를 말이다. 우리나라에도 백성이 어리석다고 가르치려 들지 않고, 먹고사는 문제를 먼저 해결하려는 지도자가 나오길 진심으로 기대해본다.

백성을 가르치다

율곡은 자신이 배운 대로 백성의 교화에 힘썼다. 그 대표적인 게 향약이다. 향약은 유학을 바탕으로 백성이 삼강오륜에 따라 바른 풍속으로 서로 도우며 살도록 만든 일종의 지방자치 규약이다.

조선 시대의 향약은 주로 여씨향약(呂氏鄕約)을 참고하였는데, 여씨향약은 송나라 여대균이 만든 고을 규약이다. 크게 덕업상권(德業相勸, 좋은 일은 서로 권함), 과실상규(過失相規, 나쁜 일은 서로 규제함), 예속상교(禮俗相交, 서로 사귐은 예의로 함), 환난상휼(患難相恤, 어려움이 생기면 서로 도움), 이 네 가지를 주요 강령으로 삼았다.

사실 중종 때 정암 조광조가 먼저 이를 추진하였으나 기묘사화로 중단되고 말았다. 율곡은 여씨향약과 정암의 정신을 이어받아 사회교육의 일환으로 향약에 관심을 보이고 이를 추진하였다.

1571년(선조 4년) 가을에는 청주목사로 있으면서 백성을 교화하고 풍속을 순화하기 위해 서원향약(西原鄕約)을 만들었고, 1577년(선조 10년)에는 서원향약의 경험을 바탕으로 더욱 발전시킨 해주

향약(海州鄕約)을 실시했다.

해주향약에는 여씨향약처럼 서로 약조하는 조문을 만들었는데, 기존 향약보다 구체적이고 세세하여 서민들에게 많은 도움을 주었다. 또한 해주 야두촌에서는 주자의 뜻을 이어받아 사창(私倉)을 설치하여 식생활이 어려운 향민들을 구제하는 데도 힘썼다.

해주향약의 실질적 효과에 대해서는《율곡전서》〈연보〉에 잘 나타나 있다.

해주의 풍속이 처음에는 몹시 투박하였는데, 이후로 문화적인 풍속으로 변하고 예의 바른 풍속이 습관으로 굳어져서, 촌리(村里)에 사는 백성까지도 감화되었다.

아내를 버린 지 십수 년 후에 처음처럼 좋은 마음으로 결합하는 이도 있었고, 늙은이로서 아우의 상사에 최복(衰服, 부모나 조부모의 상에 입는 상복)을 입고 크게 애통해하는 자도 있었다. 그 까닭을 물으면 입을 모아 말하기를 이 감사(監司, 관찰사)의 가르침이라고 하였다. 선생이 일찍이 이곳의 도백(道伯)이 되었기 때문에 그렇게 말한 것이다.

율곡의 서원향약, 해주향약 규약들은 율곡 사후에도 기호 지방 향민들의 생활풍속에 많은 변화를 가져왔고, 널리 영남 지방까지 영향을 미쳤다.

한편으로 율곡은 제자들을 가르치기 위해서 1578년(선조 11년)

에 은병정사(隱屛精舍)를 지었다. 은병정사에는 주자사(朱子詞)를 세우고, 조광조와 이퇴계 두 선생을 배향하였으며, 제자들을 양성하기 위한 조약을 만들었다.

조약의 뼈대는 학도를 가르치고 학문에 뜻을 둔 자는 선비와 서자를 막론하고 모두 입적을 허락하였으며, 성현의 글이나 성리학에 관계된 것이 아니면 학당에서 강독하지 못하게 하였고, 역사서는 읽도록 했으나 과거 공부를 하고자 하는 이는 다른 곳에서 하도록 했는데 이 규약은 이후에도 변함없이 전해졌다. 하지만 은병정사는 율곡 살아생전에는 운영되지 못하다가 율곡 사후, 1586년(선조 17년)에 여러 유생들이 사우(祠宇, 사당)를 건립하고 위판(位版, 위패)을 봉안하여 선생의 유지를 이었다. 은병정사와 특히 향약은 율곡이 백성을 교화하고자 한 뜻이 고스란히 담긴 대표적인 율곡의 사업이었다.

가족과 함께하다

율곡은 널리 밖으로는 백성과 고난을 함께하며 교화에 힘썼고 안으로는 가족들을 보살피고 가르치며 올바른 방향으로 이끌었다.

1577년(선조 10년) 정월에는 석담(石潭)으로 돌아와 종족(宗族)을 한데 모아서 함께 살기로 마음을 먹는다. 100명이 넘는 식솔들이니 그 많은 가족을 건사하여 함께 살아간다는 일은 쉬운 일이 아니었다.

따라서 율곡은 〈동거계사(同居戒辭)〉를 지어 더불어 살아갈 규칙을 만들었다. 큰형수 곽씨에게 부탁하여 신주를 모셔와 제사를 받들게 했다. 형제자질(兄弟子姪)들과 함께 음식을 먹고, 〈동거계사〉에 따라 예를 다하였다.

매월 초하루와 보름에는 아들들과 함께 사당에서 참배하고 정침(正寢, 제사를 지내는 방)에 모여 율곡은 동쪽에, 계모와 형수 곽씨, 부인은 서쪽에 앉아 아들들과 함께 계사를 읽었다. 그 뒤에 노복들이 뜰아래 서서 배례를 행하였다.

〈동거계사〉를 국문으로 해석하여 서로 알 수 있도록 하였으며, 출입할 때는 사당에 고하고, 부인과는 서로 맞절하였으며, 측실(첩) 이하는 뜰아래에서 절하게 하는 등 상호 간 규약에 따라 예의로 대해 도리에 어긋남이 없도록 했다.

율곡이 어렸을 적《이륜행실도》를 보면서 형제간에 어려워도 떨어져 사는 것은 불가하다며 스스로 그림을 그려놓고 보았다는 일화에서도 가족 사랑이 지극했음을 알 수 있는데, 성인이 되어 그 마음을 몸소 실천했던 것이다.

가족에 대한 율곡의 마음가짐을 알 수 있는 일화가 있다. 율곡의 문인이었던 이유경의《유사(遺辭)》를 보면, 율곡의 둘째 형 이번(李璠)은 물정에 어둡고 어리석은 사람이었다. 일이 생길 때마다 번번이 율곡을 불러서 시켰는데, 율곡은 이미 지위가 이상(貳相, 재상 다음가는 벼슬)에 이르렀지만 일을 맡아서 하는 데 게으르지 않았다. 대표적인 일화로 다음과 같은 것이 있다.

문인 유생들이 말하였다.

"선생은 삼달존(三達尊, 나이가 많고, 벼슬과 덕이 높음)의 신분으로 지나치게 공손한 것이 아닙니까? 자제들로 대신하는 게 옳지 않겠습니까?"

율곡 선생이 답하였다.

"형님께서 내게 분부하셨는데, 어찌 감히 다른 이로 하여금 힘든 일을 대신하도록 하겠는가? 아버지와 형 앞에서는 넘칠 듯한 공손이 예법에 맞는 것이다. 뜻밖에 얻은 벼슬은 천성이 아니니, 지위고하는 논할 게 아니다. 세월이 흐르는 물과 같은데 형이 작고한 뒤에는 예를 행하려 해도 행할 수 있겠는가?"

지금으로 치자면 국회의원이나 장관을 지내면서 집에 와서는 모자라는 형님의 잔심부름을 한 것이다. 사람이 시운이 맞고 재능이 있어 영달은 할 수 있을지언정 이러한 인품을 갖추기는 실로 어려운 것이다.

율곡은 사람을 쉽게 판단하여 함부로 버리지 않았고 모든 백성을 똑같은 마음으로 믿고 사랑하였는데, 그것은 가족들을 대하는 이런 따뜻한 태도에서부터 출발한 것이다. 다음 일화에서도 율곡이 사람을 대하는 태도를 알 수 있다.

율곡의 계모 쪽 사람 중에 나이 어린 소년 하나가 집에 와서 늘 놀았다. 어느 날 그 아이가 율곡 서재에서 귀한 물건을 하나 훔쳐 가는 일이 벌어졌고, 율곡의 아들들은 그 아이를 당장 내쫓았다. 그 후 열흘쯤 지난 어느 날 율곡이 그 소년을 다시 불러와 옛날처럼 상대해주었다. 아들들이 율곡에게 다가가 물었다.

"어째서 이런 도둑질하는 놈을 다시 불러들이십니까?"

이에 율곡이 답하였다.

"그동안 자신이 저지른 잘못을 회개했을 것이다. 사람을 영영 버릴 수는 없는 일이다."

가슴을 졸이며 옆에서 그 말을 듣고 있던 소년은 율곡에게 진심으로 감복하였다.

이러한 마음가짐이었으니 정치를 할 때도 동인과 서인 어느 한쪽 손을 들지 않고 화합하여 함께 백성을 위한 조정을 만들기를 진심으로 갈구했던 것이다.

〈동거계사〉는 가족 간에 지켜야 할 규칙을 적은 글이지만, 그 내용 중에는 가족의 소중함을 일깨우고, 또 사회생활에도 교훈이 되는 내용이 있어 일부 옮겨본다.

우리는 일찍이 부모를 여의고 큰형님마저 일찍 돌아가셨으니, 생존한 우리는 서로 우애에 힘써야 한다. 재물과 거처를 함께하며, 서로 떨어지는 일이 없도록 해야 한다. 혹시 헤어지게 되면 살아가는 즐거움이 없으니 반드시 여기서 함께 살아갈 계책을 세운 것이다.

내 형수는 우리 일가의 어른이고 제사의 주인이니, 아랫사람들은 특별히 공경하라. 형수를 대할 때는 어머니를 대하듯 하라.

무릇 기뻐하거나 화나는 바가 있을 때, 한쪽으로 편중된 마음이 있어서는 안 되고, 항상 온화한 얼굴과 말로 대해야 한다. 가르치고 책망할 때도, 절대 화내는 뜻이 있어서는 안 된다. 밖에서는 비난하지 말고, 이간질하는 말을 믿어서도 안 된다. 혹시 이런 말을 만들어내는 자가 있다면, 노복이면 매를 치고, 첩이면 엄숙히 경계시킬 것이다. 그래도 고치지 않으면 내보내야 한다.

가족에 대한 율곡의 애정을 절절히 느낄 수 있다. 이 애정이 사회로 확장되어 백성을 올바르게 교화하고 왕의 마음을 격군심(格君心, 임금의 마음을 바로잡는 것)하여, 화목한 일가처럼 태평성대한 나라를 만드는 것이 율곡의 소망이다.

백성의 모범이 되다

율곡은 말로만 백성을 교화한 것이 아니라 직접 모범을 보였다. 《논어》〈이인〉편에 나오는 말은 율곡의 언행과 일맥상통한다.

부귀는 사람들이 바라는 것이지만, 그것이 바른 방법에 의한 것이 아니라면 가져서는 안 된다. 빈천한 것은 사람들이 싫어하는 것이지만 바른 방법에 의한 것이 아니라면 그것을 떠나보내는 게 옳지 않다. 군자가 어짊을 버리고 어떻게 명성을 얻으려 하겠는가? 군자는 밥을 먹는 동안에도 인에 어긋나지 않고, 현실의 어려움으로 넘어졌을 때도 여기에 근거한다.

선비가 도에 뜻을 두었는데, 나쁜 옷과 나쁜 음식을 수치스럽게 생각한다면, 그 사람은 함께 의논할 상대가 되지 못한다.

이런 말은 알기는 쉬워도 실천하기는 여간 어려운 것이 아니다. 하지만 율곡은 실제 삶을 통하여 이것을 몸소 실천했다. 누구 못지 않게 청렴하였고, 빈궁하더라도 의를 버리지 않았다. 율곡이 어려운 가운데서 의를 실천한 일화가 있다.

율곡이 석담에서 지낼 때 점심을 걸렀는데, 사람들이 그 까닭을 물으니 양식이 떨어져서 하루에 한 끼만 먹으려 한다는 것이다. 얼마 후에 재령군수 최립이 쌀을 보내 주었으나 율곡은 받지 않았다. 주위 사람들이 양식이 떨어졌는데 왜 쌀을 거절하느냐고 물었다.

"국법에 관리가 장물을 주고받는 것은 그 죄가 매우 엄격하니 받는 자도 처벌이 같다. 우리나라 수령이 내리는 것은 국가의 곡식이니 받아서는 안 된다. 최립은 어렸을 적 벗이니 만일 자신의 개인 물건으로 구제해준다면 어찌 받지 않겠는가마는 이 곡식은 받을 수 없다. 시장한 대로 견디면 되는 것이다."

율곡의 이러한 삶 자체가 백성을 자연스럽게 교화했을 것이다. 자신이 지키지 않으면서 말로만 사람들에게 인의를 가르칠 수는 없는 노릇이다. 《제가기술잡록(諸家記述雜綠)》에는 이런 이야기가 나온다.

율곡이 부제학으로 파평에 물러나 쉬고 있을 때 최황이라는 사람이 율곡을 찾아뵈러 왔다. 밥상을 대하니 반찬이 형편없었다. 최황이 젓가락을 차마 대지도 못하고 물었다.
"어떻게 이런 가난한 생활을 참아내십니까? 어떻게 변변한 찬도 없이 식사를 하십니까?"
"해가 지고 난 뒤에 늦게 먹으면 맛없는 줄도 모르네."

높은 명성에 큰 벼슬까지 지낸 사람이 서민들도 차마 먹기 어려운 식사를 하면서도 의연하게 검소함을 지켜나갔으니, 백성이 믿고 따르는 것은 당연한 일일 것이다. 심지어 율곡은 선비의 신분으로 힘써 노동하는 일도 마다하지 않았다. 정승을 지낸 이항복이 최유해라는 사람에게 보낸 편지 가운데 이런 내용이 눈에 띈다.

근래에 와서 모재 김안국1 선생이 여주(驪州)에 물러나 있을 적에 몸소 추수를 거두러 다니며, 마당에 한 알이라도 흘리지 못하게 하며, 이게 모두 하늘이 주시는 것이라고 했습니다. 율곡 선생도 해주에서 대장간을 만들고 호미를 만들어 팔아 그것으로 양식을 바꾸었으니, 이 같은 의로운 큰 인물들도 그것을 부끄럽게 여기지 않았던 것입니다.

이처럼 율곡은 과거에 성혼에게 품팔이나 장사를 하는 것도 비천하게 여기지 않는다 하였던 것이 거짓된 허사가 아니었음을 스스로 증명했다. 율곡은 높은 벼슬을 하였음에도, 사람들과 더불어 직접 노동하는 수고를 아끼지 않았으니, 인의를 행하는 군자는 빈천함을 부끄러워하지 않는다는 경전의 말에 부합하는 사람이었다. 율곡이 백성을 사랑하고 교화하고 모범을 보인 것이 이처럼 자신이 공부한 것에서 조금도 어긋나지 않았다.

---

1   모재(慕齋) 김안국(金安國, 1478~1543년): 조선 중기 문신이며 학자다. 조광조 등과 함께 김굉필의 문인으로 조광조의 급진적인 주장에는 찬동하지 않았으며, 기묘사화 이후 사림파의 구심점이 되었다. 1541년(중종 36년)에 병조판서를 지냈다.

좌우로 치우침 없었던
조정의 스승

율곡은 오직 악인이 없는 맑고 깨끗한 조정, 백성과 나라를 위해 화합하는 조정을 만들기 위해 고군분투했으니, 조정의 스승으로 뭇 대신들로부터 공경을 받았다. 《맹자》〈공손추 상〉편에서 맹자는 이렇게 말하고 있다.

백이는 참된 임금이 아니면 섬기지 않았고, 진실한 친구가 아니면 벗하지 않았다. 악인들이 조정을 장악하면 벼슬을 하지 않았고, 악인들과 더불어 말을 하지 않았다. 악인들의 조정에서 벼슬을 하고, 악인들과 함께 말을 나누는 것을 조정의 옷과 조정의 관을 쓰고, 도탄(塗炭, 진흙과 숯)에 앉아 있는 것과 같이 생각했다.

율곡의 통섭적인 공부는 갈등이 생기기 시작한 조정에서 통합의 정신으로 나타났다. 사림이 성장하여 중앙 무대에 본격적으로 진출하고 권력의 중심에 서자 사림 내에서 또 분열이 일어나 당쟁의 시초가 되는 갈등이 발생하기 시작했다.

한양 서쪽에는 심의겸을 중심으로 하는 선배 유생 계열이, 동쪽에는 김효원을 중심으로 하는 후배 유생 계열이 있었다. 김효원 일파는 훈구대신들이 내린 처벌에 대해 강경한 입장이었고, 심의겸 일파는 온건한 입장이었는데 후일 이 태도 차이로 인해 동인과 서인으로 나뉘게 된다. 이들의 갈등은 김효원이 이조좌랑이라는 강력한 인사권을 지닌 특별한 직책을 맡으면서 크게 확대되었다.

이 갈등을 해소하고 국가와 백성만을 생각하는 탕평한 조정을 만들기 위해 율곡은 혼자서 고군분투하였다. 사후 율곡과 벗 성혼은 기축옥사1를 관장했던 송강 정철과 나눈 친분 등으로 인해 서인의 대표로 추앙받지만, 실제로는 양쪽 당파와 모두 친분이 있었고, 통합을 위해 노력하며 어느 쪽 편도 들지 않았기 때문에 오히려 양쪽으로부터 공격받는 일이 많았다.

오늘날에는 '토정비결'로 알려져 있고, 당대에도 이인(異人)으로 유명했던 토정 이지함은 시국을 논하면서 이렇게 말했다.

"지금 시대의 형국이 마치 사람이 원기가 이미 떨어져서 손을 써 구제할 방법이 없는 것과 같다. 그러나 이렇게 위태로운 형세를 구제할 한 가지 특별한 방법이 있기는 하다."

옆에 있던 객이 그 비책을 간절히 묻자 한참을 기다렸다 말하였다.

"만일 숙헌(율곡)이 조정에 머무른다면, 비록 크게 바꾸지는 못한다 하더라도, 반드시 망하는 데 이르지는 않을 것이다. 이것이 하나의 방법이다. 초나라와 한나라가 서로 다툴 때 한신2을 얻은 게 특별한 계책이었고, 관중(關中, 중국 산시성의 옛 이름)이 안정되었을 때, 소하3에게 위임하는 것으로 방법을 삼았다. 한신과 소하를 얻는 일 외에 다시 어떤 계책이 있겠는가?"

이 말에 식자들은 모두 수긍하였다. 앞날을 내다본다는 이지함조차 율곡을 중쇠기(中衰期, 중도 쇠퇴기)에 달한 조선을 구할 단 한 사람의 영웅으로 지목했던 것이다. 그 당사자 율곡은 조정을 바로잡을 단 하나의 시론(時論)으로 사림 간의 갈등과 배척을 지양하고 백성을 위해 통합할 것을 주장하였다.

율곡은 선조에게 갈등의 뿌리가 되는 김효원과 심의겸을 모두 변방 외직으로 보내기를 청하여 관철시켰다. 이후 본인도 사직을 밝혔다. 주위에서 만류하니 물리치면서 대신들이 모인 자리에서 의견을 이렇게 개진했다.

"내 이제 정론(定論)을 내리려 하니 여러분은 시험 삼아 들어보라. 권간(權奸, 권세를 가진 간신)이 나라를 어지럽힌 지 오래되었는데, 그들을 꺾고 조정을 맑게 하여 선비의 논의가 퍼지게 한 것은 어찌 심의겸 일파가 세운 공이 아니겠는가?

김효원이 국사를 위하려 한다면 마땅히 큰 선비의 마음을 잃지 말아야 하는데, 도리어 선배 유생들을 배격하고, 분개한 마음을 가져 사람들이 서로 대립하게 하였으니 이는 김효원의 죄다. 그렇기에 김효원을 외직으로 내보낸 건 정상에 맞는 일이다. 그리했는데도 다시 김효원을 심하게 미워하고 가혹하게 공격하는 건 선배들의 죄인 것이다. 이렇게 결론을 내리면 실정에 맞을 것이다.

지금부터는 서로 의심하여 거리를 두지 말고, 너그러운 마음으로 대한다면 다시 무슨 일이 있겠는가? 이리하지 않으면 조정의 걱정이 종식되지 않을 것이다. 과거에는 사류(士類)와 속류(俗流) 두 부류만 있었는데, 지금은 사류도 두 편으로 갈라져 있다. 이를 시작한 이는 바로 김효원이다."

이에 모두 이구동성으로 말하였다.

"이는 참된 공론이다. 오늘 이 자리에 함께한 사람들이 모두 이 공론을 따른다면 시론이 정해질 것이다."

그러나 율곡이 물러나자 곧 시론이 흐트러져 구제할 수 없게 되었다. 율곡이 물러난 이후 한번은 송강 정철이 율곡에게 김효원을 감싸주는 게 아니냐며 의심의 뜻을 전한 일이 있었다. 이에 율곡은 이렇게 답했다.

이 사람(김효원)을 형은 형편없는 소인으로 반드시 패란(悖亂,

정도를 거슬러 일으키는 난)을 저질러 사림을 해칠 것이라 여기나, 내 생각에는 명예를 좋아하는 사람으로 그 재주를 취할 만하다 본다. (…) 김의 기세가 강성하여 폐단을 저지를 지경에 이르면 내가 마땅히 홀로 임금께 나아가 사실을 알려 그를 내칠 것이오, 김이 죄를 입음이 과중하면 이 또한 내가 구제할 것이다. 이처럼 그의 기세를 견제하고 위태로움에서 구해주는 것은 사리에 맞는 일이거늘 형은 아예 소인으로 단정하여 그를 아끼는 자를 같은 무리라 규정하고 배척하려 하니, 이는 김을 아끼는 자가 모두 간사한 것은 아니고, 김을 배척하는 자가 모두 올바른 건 아니며 다만 마음이 공정하냐 사사로우냐 여부에 달린 것뿐임을 모르는 소치다.

이러한데 과연 나 율곡이 김과 사당을 만들기를 꾀한다 보는가? 아니면 사림이 무사 안녕하기를 바란다 보는가? 일신을 위해 모략을 꾀하는가? 국가를 위해 계획하는가? 더 남은 의심이 있다면 기탄없이 다시 묻기를 바란다.

동갑내기며, 역시 연달아 장원급제하며 출세 가도를 달린 당대의 인물 송강 정철을 거침없이 꾸짖고 있다. 송강 정철은 후일 율곡 사후에 기축옥사에서 동인 일파들을 무참히 제거했다. 그 과정에서 최영경[4] 같은 고명한 대신도 죽이는 냉혹함을 보였다. 그는 한때 동인의 탄핵을 받아 고향으로 돌아가 은거하게 되었는데, 귀양지에서 임금을 향한 절절한 그리움을 노래한 〈사미인곡〉, 〈속미인곡〉은 조선 가사문학의 정점으로 칭송받으며 지금까지 전해지고 있다.

율곡은 조정에 나아가 때로는 설득하고, 때로는 준열하게 꾸짖으며 자신의 권능과 학식을 바탕으로 사심 없이 국가를 위해 올바른 공론을 만들려고 노력했다. 임금이 신임한 덕도 있었겠지만, 그것 역시도 율곡 자신이 언제나 정의롭고 공평무사한 태도로 일관했기에 가능한 일이었다. 그 때문에 율곡은 노회한 조정 대신들조차 공경하며 함부로 대할 수 없는 스승 같은 인물로 남을 수 있었다.

1 　기축옥사(己丑獄事, 1589년): 선조 22년, 정여립을 중심으로 한 동인 계열 사림들이 역모를 기도했다는 혐의로 대거 박해를 받았던 사건. 이 사건으로 동인과 서인 사이에 벌어진 갈등이 증폭되었다. 정여립은 서인 계열이었으나 점차 이발(李潑) 등 동인 세력의 중심 인물들과 친하게 지내고 서인들을 비판하면서 서인 세력의 미움을 샀고, 기축옥사가 일어나는 빌미를 제공하였다. 이 사건으로 동인 1000여 명이 화를 입었고 서인이 정국을 이끌었으나, 이후 서인 세력이 지나치게 강대해지자 선조가 정철을 파직하게 된다.

2·3 한신(韓信, ?~BC 196년) • 소하(蕭何, ?~BC 193년): 유방과 함께 한나라를 세운 장량 · 소하 · 한신을 일컬어 '한초삼걸(漢初三杰)'이라 한다. 한신은 무장, 소하는 정치가다.

4 　최영경(崔永慶, 1529~1590년): 조선 중기 학자로 병조좌랑 최세준의 아들이며, 남명 조식의 문인으로 산림에 은거하며 벼슬에 나아가지 않았다. 영의정을 지낸 박순의 문인이었던 안민학(安敏學)이 당대 권력가인 정철을 만나보라 권유했으나 거부하였다. 기축옥사가 벌어졌을 때 정철은 최영경을 실체가 없는 '삼봉(三峯)'이란 인물로 무고하여 옥사하게 만들었다. 1576년(선조 9년) 덕천서원(德川書院)을 창건하여 남명 조식을 배향하였다. 1591년 신원(伸寃)되어 대사헌에 추증되고, 1611년(광해군 3년)에 덕천서원에 배향되었다.

왕도를 꿈꾸며
왕을 가르치다

율곡은 왕을 교화시켜 임금이 왕도 정치를 펼치고 그 결과로 백성이 평안해지기를 바랐다. 왕도(王道)와 패도(覇道)라는 말은 《맹자》〈공손추 상〉편에 나온다.

> 무력으로 나라를 다스리면서 어짊을 가장하는 것은 패도니 패도는 반드시 대국을 가지려 한다. 덕으로써 인을 행하는 것은 왕도니, 왕도는 대국을 기다리지 않는다. 탕왕은 70리로 시작하였고, 문왕은 200리로 시작하였다.
> 힘으로 사람을 굴복시키는 건 진심으로 굴복하게 하는 게 아니며 힘이 부족하여서 그런 것뿐이다. 덕으로 사람이 스스로 따르게 하는 건 마음으로부터 기뻐서 참된 마음으로 받아들이는 것

이다. 70명의 제자가 공자를 스스로 따르는 것과 같다.

율곡은 조선에 패도가 아닌 왕도 정치를 이루기 위해 노력을 아끼지 않았다. 율곡이 1564년(명종 19년) 29세에 대과 명경과에 합격하여 호조좌랑이 된 후 몇 년 지나지 않은 1568년 명종이 승하하고 선조가 즉위하면서, 율곡의 관직 생활은 일생 동안 선조와 함께하게 된다. 16세에 조선 최초로 직계가 아닌 방계 출신(중종의 서자였던 덕흥군의 셋째 아들이었다)으로 왕이 되어서인지 선조는 젊었을 때는 대신들의 말에 귀를 잘 기울이는 편이었다. 그런 신하 중 선왕(先王) 때부터 명성이 높았던 율곡은 어린 선조에게는 스승이나 다름없었다. 율곡 역시 자신을 의지하는 선조에게 다양한 가르침을 주었는데, 아마 선조를 통해서 자신의 뜻을 실현해보고자 하는 꿈도 가졌을 것이다.

선조가 즉위한 지 얼마 되지 않았을 때는 이러한 꿈이 당장이라도 이뤄질 것만 같았다. 1569년(선조 3년)의 일이다. 이이가 선조에게 아뢰었다.

"정치를 하려면 오로지 먼저 시기를 알아야 합니다. 임금이 아무리 일하려 해도 권신(權臣)이 국사를 전담하거나 전쟁이 일어나면 비록 뜻이 있어도 치도(治道)를 실행하기 어렵습니다. 지금은 다행히 권신과 간신들이 없고, 전쟁도 없으니, 이제 전하께서 급하게 일을 서둘러 하셔야 할 때입니다."

"그 말이 맞다. 전국 시대처럼 요란한 시기에도 맹자가 제나라, 양나라 왕에게 왕도를 행하라고 권면하였으니 비록 전쟁이 있다 해도 왕도를 행할 수 있지 않은가."

이이가 이 말을 듣고 큰절을 드리며 말했다.

"전하의 견해가 참으로 천고(千古)에 훌륭하십니다. 다만 왕도를 행하는 것은 실질적인 공력에 있고 말에 있는 것이 아닙니다. 바라건대 전하는 실제로 공력을 들이십시오."

그러나 선조는 율곡의 이야기를 알아듣는 듯하면서도 실행하는 일에는 소극적이었다. 단지 율곡의 인간됨을 좋아했을 뿐, 나라를 적극적으로 바꿔나갈 의지는 부족했던 것이다. 이에 조금씩 마음이 답답해지기 시작했던 율곡은 어느 날 선조와 야대(夜對, 임금이 밤중에 신하를 불러 경연을 베풀던 일)하는 자리에서 그 답답함을 이렇게 아뢰었다.

"전하께서는 말씀을 너무 적게 하십니다. 여러 신하들의 말에 대해 조금도 답을 하지 않으시니, 전하께서는 족히 답할 만한 것이 못 된다고 생각하십니까? 신처럼 어리석은 자에게 물을 만한 것이 없기는 하겠지만, 입시(入侍, 대궐에서 왕을 알현하는 일)한 지 여러 날이 되었는데도 한 번도 묻는 법이 없으시니 전하께 나라를 잘 다스리려는 뜻이 있는지 없는지 신은 알 수가 없습니다."

이 물음에 대한 선조의 대답은 고작 "내가 스스로를 돌아보건대 좋은 정치를 일으킬 수 없구나"였다. 율곡은 조선의 정세를 중쇠기라 판단하고, 백성을 위해 나라를 바꾸는 경장(更張, 사회·정치적으로 기존의 부패한 모든 제도를 개혁하는 것)을 지속적으로 주창하였다.

"무릇 사람이란 큰 뜻이 있어야 큰일을 해낼 수 있습니다. 비유하면 한 사람이 몇 칸쯤 되는 작은 집을 지으려고 하는데, 대목(大木, 큰 목수)이 와서 큰 집을 지으려고 하면 그 말을 좋게 받아들이겠습니까? 지금 성명(聖明, 임금의 밝은 지혜)께서 위에 계시는데도 백성의 살림은 나아지지 않으니, 말로만 재앙과 괴이한 일에 대해 두려워하며 자신을 닦고 반성한다고 하는데, 실질적인 행동이 없어서는 안 됩니다. 요즘 전하께서 내리시는 전교(傳敎, 임금의 명령)는 참으로 좋으나, 실효가 제대로 나타나지 않습니다. 그것은 전하가 늘 변통(變通, 상황에 따라 융통성 있게 변화시키는 것, 여기서는 개혁을 의미함)하는 것을 어렵게 여기시기 때문입니다."

"만약 조종(祖宗, 임금의 조상)께서 만든 법이 아니라면 경장하기가 어려울 게 뭐가 있겠는가?"

"조종께서 만든 법을 다 변경하려는 것이 아니고, 공안(貢案, 공물 품목, 수량을 적던 장부) 같은 것들을 고쳐보겠다는 것입니다. 이것은 연산군이 덧붙여 제정한 것에 불과한 것입니다. 신은 경장하기를 좋아하는 것이 아니라 백성을 고통에서 구하려는 것뿐입니다. 예부터 성현도 때를 맞춰 변통하였고, 하늘이 운행하는 것 역시 세월이 오래 지나면 역수(曆數)가 차이 나기에, 시기에 따라 고치지 않으면 천하의 형상과 합치되지 않아 사시(四時)의 차례와 맞지 않게 됩니다."

선조의 말은 과거 선대왕이 만든 것이니 함부로 바꾸기가 어렵다는 것이다. 속사정은 그냥 관행대로 하지 뭘 번거롭게 바꾸냐는 것이다. 선조는 자신의 왕위를 위협하는 것이 아니면 기존 것에 손대길 싫어했다. 애초에 백성을 위하는 애민(愛民) 정신이 바탕에 없었던 것이다. 율곡은 그 점을 받아들일 수도 이해할 수도 없었다. 그것은 결국 율곡에게 병이 되었고, 실의에 빠져 진퇴를 거듭하는 이유가 되었다.

하루는 조광조를 들어 선조가 수신하고 현명한 인사들을 널리 등용할 것을 주장했다.

기묘년에 조광조가 중종의 신뢰를 얻어 큰일을 해볼 희망을 품었는데, 함께한 젊은 사람들이 일을 점진적으로 하지 않아 소요가 일어나게 되자, 소인들이 그 틈을 타고 일어나서 사림에게 해를 입혔습니다. 그래서 정사를 맡은 사람들이 기묘년에 일어난 일을 경계로 삼아 일을 합니다.

기묘년에 했던 일이 점진적으로 행해지지 않은 것은 분명 잘못이지만, 일을 전혀 하지 않는 요즘보다는 낫지 않겠습니까? 전하께서 만약 올바른 정치를 하고자 한다면, 반드시 자신부터 먼저 행하여 본원을 깨끗하게 하십시오. 그다음 각종 정치 기구들이 차례로 일을 진행한다면, 여러 신하가 감읍하여 움직일 것입니다.

자신을 먼저 닦았으면, 반드시 어진 사람을 높여야 합니다. 어진 사람을 높인다는 건 관직으로만 대우하는 게 아니라 반드시 어진 사람들이 하는 말을 받아들이고, 실행까지 하는 것이 어진이를 높이는 것입니다.

율곡은 왕의 마음을 돌이켜보려고 집요하게 설득하였지만, 선조는 한 귀로 듣고 한 귀로 흘릴 뿐 움직일 생각을 하지 않았다. 이런 일이 반복되자 곁에서 지켜보던 여러 대신들까지 율곡을 탄식하며 바라보았다. 하지만 율곡은 희망의 끈을 놓지 않고 매달렸다. 다음은 《경연일기》(선조 7년, 1574년)의 기록이다.

이이가 비록 상으로부터 대우는 받았지만, 그의 말이 쓰이지는 않았다. 친구 송익필이 물었다.

"숙헌, 자네가 조정에 머문 지 두어 달이 지났는데 어떤 공을 이뤘는가?"

"비록 나라 정치를 주관하는 사람이라도 두어 달 만에 효과를 거둘 수 없는데, 하물며 말만 올릴 수 있을 뿐 실행할 수 없는 사람은 어떻겠는가?"

"세간의 식자들이 숙헌이 이번에는 오래 머무르니 전날 물러나던 것과는 다른 뜻이 있는 게 아닌가 하고 궁금해하네."

"물러가려 하나 혹 임금의 마음을 돌릴 수 없을까 걱정이고, 머물러 있으려 하나 말이 채용되지 않으므로 거취를 결정하지 못하고 있네."

"식자들은 임금의 마음을 결코 돌릴 수 없다고들 하던데……."

"내가 알기로 성현은 그처럼 단정적인 말을 하지 않는다고 하였네."

율곡은 주위에서 비아냥거리거나 걱정할 정도로 최악의 상황에 놓였어도 왕을 가르치는 일을 포기할 수 없었다. 선조가 백성을 위한 실질적인 정책을 집행하지 않는 것에 답답했던 율곡은 종내에는 직설적인 말로 선조를 공박하는 일도 서슴지 않았다.

선조 8년(1575년), 율곡과 대면한 선조가 오늘날 백성이 누리는 생활이 예전에 비해서 어떠한지를 묻자 율곡은 이렇게 직설적으로 답했다.

권간이 국정을 잡았을 때와 비교하면 백성의 재물을 착취하던 것이 조금 줄어든 듯합니다. 그러나 공부(貢賦, 공물과 세금)와 요역(徭役, 나라에서 시키던 노동, 부역)의 규칙이 타당성을 잃고 날로 잘못되어감에 따라 백성이 그 피해를 입고 있으니, 만일 이 잘못된 법을 고치지 않으면 날마다 백성을 사랑하는 전교를 내린다 하더라도 아무런 이익이 없을 것입니다.

이 말을 듣고, 왕은 입을 다물고 아무런 말도 하지 않았다.《맹자》〈양혜왕 하〉편에는 이런 말이 있다.

늙어서 아내가 없는 것을 환(鰥, 홀아비)이라 하며, 늙어서 남편이 없는 것을 과(寡)라 하며, 늙어서 자식이 없는 것은 독(獨)이고, 어려서 부모가 없는 것을 고(孤)라 합니다. 이 네 사람은 천하에 호소할 곳이 없는 불쌍한 백성들입니다. 문왕이 정치할 때는 이 네 사람에게 먼저 사랑을 베풀었습니다.

율곡은 '환과고독(鰥寡孤獨)'과 같은 가장 어려운 백성을 돕기 위해서 고군분투하였다. 하지만 늘 임금에게서 막혀버렸다. 선조는 정말 어려웠을까? 자기 자신도 잘 알고, 후세 사관들도 인정했듯 신하들과 경전을 이해하거나 논쟁을 벌일 때는 머리도 상당히 좋고, 논리적으로도 뒤지는 바가 없는 사람이었다. 왜란을 맞아 일신을 돌보고 이후에 불안한 자신의 입지를 재건하는 데는 뛰어난 계책을 발휘하던 사람이었는데 말이다.《조선왕조실록》에 따르면 선조는 우울한 시를 좋아했다고 한다. 세간의 논자들은 우울한 왕은 좋은 왕이 되기 어렵다고 했다. 어쩌면 지혜롭지만 성격적으로 어둡고 일신의 안위만을 바라는 선조의 태도가 결국 어떤 개혁도 불가능하게 한 것인지도 모른다.

왕의 교화를 위한 황제학의 집대성,《성학집요》

경장을 지속적으로 주창하던 율곡은 결국 〈만언봉사〉를 통해 선조에게 자신의 진심을 전했다. 1574년(선조 7년) 1월, 율곡이 올린 〈만언봉사〉에 대해서 유희춘[1]은 이렇게 말했다.

상께서 즉위하신 뒤로 형벌이 맞지 않는 일이 드물어 백성이 원망하는 것을 아직 듣지 못했지만, 백성에게 부과한 부역이 공평하지 못합니다. 이는 그전부터 행해온 것이지만 변경하지 않을 수 없습니다.

때를 맞춰 정책을 집행하는 시무를 아는 것은 가장 어려운 일인데, 전날 올린 이이의 〈만언봉사〉에 대해 상께서 답하신 말씀이 허락하고 권장하는 것이어서 보고 듣는 사람마다 모두 감격했습니다. 소신 역시 자질과 학식이 이이만 못한 것을 한스럽게 여깁니다. 만일 이 사람만큼 한다면 어찌 권장받지 못하겠습니까? 이번에 이이가 올린 상소로 공물, 선상, 군정에 관한 일을 강구하고 시행한다면 백성이 받는 괴로움이 상당히 풀릴 것입니다.

며칠 뒤 선조는 필요하다면 조종의 법이라도 고쳐야 한다고 이야기했다. 하지만 실제로 시행된 정책은 없었다.

〈만언봉사〉에 대한 화답은 오히려 황당한 사건이었다. 율곡을 총애하던 임금과 율곡 사이에 틈이 벌어지는 보기 드문 일이 일어났으니, 이름하여 '황랍사건'이다. 선조는 별다른 이유를 밝히지 않고, 의영고(義盈庫, 호조에 속하고 기름, 꿀, 후추 등 각종 조미료 출납을 맡아보던 관아)에 명해 황랍(黃蠟, 벌집의 재료가 되는 노란색 밀랍) 500근을 바치라는 명을 내렸다. 황랍과 함께 상당한 양의 수은도 함께 들어가면서 이상한 소문이 돌았다. 왕이 황랍과 수은을 재료로 불상을 만드는 등 불사(佛事)를 벌인다는 것이다. (이는 후일 후궁에 거하는 왕자를 위해 불사를 벌이는 데 쓰려고 했다는 것이 밝혀졌다.)

이 소문이 대사간 율곡의 귀에까지 흘러들어갔다. 임금에게 간언하는 일을 주로 하는 사간원 수장이었던 율곡으로서는 그냥 넘어갈 수 없는 일이었기에 임금에게 물었고 이는 결국 임금과 총애받던 신하 간에 보기 드문 치열한 논쟁으로 이어졌다.

"황랍이 올바른 일에 사용된다면, 성상(聖上)의 뜻을 밝혀서 세간의 의혹을 풀어주시고, 그렇지 않다면 명을 거두어주십시오."

"대내(大內, 임금이 거처하는 곳)에 쓰는 물건을 아랫사람이 함부로 물을 일이 아니다."

"궁중에 저토록 많은 황랍이 쓰일 곳이 없으니 좋지 못한 곳으로 빠져나갈 일이어서 알릴 수 없는 것은 아닌가 생각합니다. 옛날 사마광은 평생에 한 일이 남에게 말할 수 없는 게 없었다고 합니다. 지금 신 등이 바른 마음으로 뜻을 바르게 할 것을 전하게 바라는데, 이 일을 명확하게 공표하지 않는다면 혼자 있는 곳, 옥루(屋漏, 방의 서북쪽 구석, 집에서 가장 깊숙하고 어두운 곳)에서 부끄럽지 않을지 염려스럽습니다. 성상의 뜻을 청천백일(靑天白日)처럼 환하게 보이셔서 아랫사람들이 우러러볼 수 있도록 하옵소서."

"옛날 양무제가 입이 써 꿀을 요구했는데 아랫사람 때문에 얻지 못했다고 하더니 뜻하지 않게 오늘 내가 여기서 이를 다시 보게 되었다."

"의영고 물품은 전하 소유니 바르게 쓴다면 아랫사람들이 받들어 따를 것입니다. 그렇지 않다면 비록 해사(該司, 해당 관사인 의영고)라도 마땅히 따져보아야 할 것인데, 하물며 제가 언관으로서 어찌 잠자코 있겠습니까? 외간에 떠도는 소문으로는 불상을 만들려 한다는데, 진실로 충신은 덕으로 임금을 사랑하고 예로 임금을 공경하는 것이며, 임금의 비위를 맞춰 받들고 순종하는 것은 도리어 사랑하고 공경하는 것에 해가 되는 것으로 알고 있습니다."

"불교를 숭상한다 하더라도 옛날에 만든 불상도 많은데 새로 만들어 무엇하겠는가? 누구에게 들었는지 모르겠다만 내가 지금 그자를 잡아다 친히 국문(鞫問, 중대한 죄인을 신문하는 일)하려고 한다."

"지금 시중에 전해진 말은 한 사람의 입에서 나온 게 아닙니다. 만약 모두 잡아서 국문한다면 위무(衛巫, 위나라의 무당으로 여왕厲王이 잔혹한 정치를 하자 백성이 여왕을 비난했고, 여왕이 무당을 불러 비방하는 자를 살펴게 했다)가 임금을 비방하는 자들을 감시한 것과 무엇이 다르겠습니까? 전하께서는 신 등이 망령되이 말한 죄를 다스리면 그뿐이지, 굳이 위엄을 세워 다른 사람의 입을 틀어막아 사방을 놀라게 할 이유가 있습니까?"

"감히 이야기를 들은 사람을 숨기니 이것이 과연 임금을 섬기는 데는 숨김이 없다는 도리인가? 마땅히 말을 만들어낸 죄가 있을 것이다."

"널리 퍼진 말은 그 출처를 따지기 어려운 것을 전하께서 모르지 않으실 것인데 이처럼 다그쳐 물으시는 건 천둥 같은 위엄으로 장차 언로를 막으려는 것이 아니겠습니까? 대간은 들은 바가 있으면 비록 떠도는 소문이라도 감히 아뢰지 않을 수 없는 것으로 그것이 임금을 섬기는 데 숨김이 없다는 도리가 아니겠습니까. 만약 이 때문에 말을 만들어낸 죄로 간하는 신하를 다그친다면 이야말로 한마디로 나라를 망친다는 말에 가깝지 않겠습니까?"

이후로 몇 차례 더 임금과 줄다리기를 하였으나 율곡은 끝까지 물러서지 않고 여러 차례 문서를 올려 부당함을 호소하였으며, 심지어 여러 신하들이 동반 사직하겠다는 계(啓, 관청이나 관리가 임금에게 올리는 말)까지 올렸다. 결국, 임금은 한발 물러나 황랍 500근 중 475근을 관청에 도로 내려보냈다.

그러나 이 일의 후유증으로 대신들이 율곡의 안위를 심각하게 걱정할 정도가 되었고, 율곡은 자진해서 칭병(稱病, 병이 있다고 핑계를 대는 일)하며 물러날 뜻을 전달했다. 선조는 "병이 그렇다면 어쩔 수 없다"며 못 이기는 척 허락하였다.

이즈음 노수신[2]이라는 대신이 "율곡이 경연에서 주상이 듣기 싫어하는 말을 많이 하니 무슨 일이 생길까 염려되어, 내가 말리고 싶었지만 서로 알지 못해서 말리지는 못했다"는 말을 했는데, 율곡이 그 이야기를 전해 듣고 웃으며 말하기를 "내가 물러가면 주상에게 말할 사람이 없으니 소재(蘇齋, 노수신의 호)는 걱정이 없을 것"이라 하였다.

율곡은 1574년(선조 7년) 3월 18일 끝내 사직을 요청하였는데, 율곡은 그 자리에서도 백성을 위한 자신의 뜻을 꼿꼿이 설파하였다. 《조선왕조실록》(선조 7년 3월 18일자)의 기록이다.

대사간 이이가 사면(辭免, 일자리를 그만두고 물러남)하고 아뢰었다. "삼가 생각해보고 아룁니다. 오늘날 기강이 무너지고, 민생이 곤궁한 것은 주상께서도 이미 살피고 계실 것이니 더 말씀드릴 게 없습니다.

더불어 우려스러운 것은, 주상께서는 이미 위임할 뜻이 적으시고, 신하들 또한 자신의 뜻을 다해 노력하고 부담을 질 마음이 결핍되어 있으며, 큰 관원들은 흘러가는 대로 지내려 하며, 손을 쓰지 않고 수수방관하며, 일의 성패에는 관심도 없으며, 작은 관원들은 비록 간언하는 게 있다지만, 어떤 이는 과격하고 어떤 이는 물정에 어둡습니다. 이러한 상황이니 의론(議論)만 많이 일어나고 통일이 되지 않고 있습니다.

국가의 세력은 날로 나빠져 물이 아래로만 내려가는 것과 같은 형상이 지금 맞이한 형국이니, 주상께서 법도를 바로잡고 허물을 고치는 것이나, 아랫사람들이 경각심을 갖고 타성에서 깨어나 일을 가볍게 처리하는 것을 바로잡는 것은, 오직 간관(諫官, 사간원·사헌부 관원을 통칭하는 말로 언관言官, 간신諫臣이라고도 함)에게 의지하게 됩니다. 진실로 재주와 성실성을 겸비하고 학식과 생각이 밝게 정통한 사람, 과거에 연연하지 않고, 오늘에 현혹되지 않는 사람이 아니라면 이 소임을 감당할 수 없을 것입니다."

자신의 직분을 계승할 인재를 추천하는 듯하지만 실제로는 현 정세와 선조에 대한 날카로운 비판으로 가득하다. 임금이 위임할 뜻이 적다는 것은 사람을 써서 일을 시킬 의사가 없다는 뜻이다. 위임하지 않으니 아랫사람들은 무책임하고, 권력을 틀어쥔 임금은 개혁 의지를 상실했으니 나라꼴이 잘될 리가 없다. 그나마 간관이 막힌 혈로를 뚫어줄 수 있으니 제대로 된 간관이라도 선출하라는 뜻이다.

그로부터 1년 남짓 지난 후 율곡은 1575년(선조 8년)《성학집요》를 완성하여 임금에게 바쳤다. 《성학집요》는 임금의 마음을 바꾸는, 즉 격군심을 목적으로 집필한 책이다. 그전에 송나라의 학자 진덕수가 쓴《대학연의(大學衍義)》라는 책이 있었다. 제왕학으로 유명한 이 책은《대학》의 주요 개념들에 성현들 말씀을 발췌해 삽입하고 해설을 넣어 지은 책으로 태조도 즐겨 읽었다. 율곡이 집필한《성학집요》는 조선판《대학연의》인 셈인데,《성학집요》가 좀 더 단순하고 명료한 것으로 알려져 있다.

《대학》의 요체는 삼강령팔조목3에 있다.《성학집요》의 구성4 역시《대학》의 삼강령팔조목에 따라 각 항목에 해당하는 유학 경전들 속 성현 말씀을 발췌하여 정리했다.《성학집요》는 율곡이 남긴 글 중 가장 분량이 많다. 요즘 책으로 옮겨도 600쪽이 넘는 분량이며, 오늘날에도 적지 않은 사람들이 탐독하는 책이다.

율곡은 왜 이 책을 남겼을까? 명종이 승하하고, 선조라는 젊은 군주가 보위에 오른 후, 자신을 절대적으로 신임하는 모습을 보면서 율곡도 기대가 컸을 것이다. 그러나 〈만언봉사〉를 칭찬한 지 얼마 지나지도 않아 황랍사건 같은 일이나 벌이는 임금, 아무리 진언을 해도 요지부동인 선조에 대해서 깊은 실망과 회의에 빠졌을 것이다. 이대로라면 자신이 꿈꾸었던 이상을 이 젊은 군주를 통해서는 제대로 실현하지 못하겠다는 좌절감을 맛보았을 것이다. 그래서 율곡은 심각한 고민에 빠졌고 새로운 방법을 모색했다.

그 결과 자신이 할 수 있는 최고의 작품을 만들어서 자신이 섬기는 군주를 혼군이나 패군이 아닌 성군으로 만들고자 하였던 것이다. 물론 결과적으로 그 뜻은 실패하고 말았지만, 율곡으로서는 자신이 처한 상황에서 자신의 모든 것을 걸고 진인사대천명할 수밖에 없었다.

한편, 보다 거시적인 관점에서 많은 선비가 죽임을 당하고 벼슬을 기피하게 된 기묘사화를 떠올려보자. 조광조는 율곡과 상당히 비슷한 인물이었다. 젊어서부터 항상 바른 태도로 학문에 열중했고, 조선이 나아가야 할 방향에 대해 구체적인 설계도를 머릿속에 그리고 있었으며, 임금으로부터 절대적인 신임을 받았다.

현량과(賢良科, 경학에 밝고 덕망 있는 인재를 추천제도를 통하여 뽑는 제도로 조광조가 제안함)를 통해 새롭게 대두된 신진 사림들과 함께 조광조는 타고난 배짱과 지혜를 발휘하여 쾌도난마로 개혁 정책을 진행하였다. 하지만 얼마 지나지 않아, 자신들의 입지에 위기감을 느낀 훈구대신들의 모함, 열등감에 빠진 임금의 오판으로 개혁 정책은 중도에 폐기되었으며 오히려 사화가 일어나 조광조를 비롯한 많은 선비들이 죽임을 당했다. 훗날 유생들은 이때 죽은 선비들을 기려 '기묘명현(己卯名賢)'이라 일컬었다.

기묘사화 그리고 이어진 명종 즉위년에 일어난 을사사화5 이후 선비들은 함부로 나서서 의견을 개진하는 것을 두려워했고, 심지어는 산림 속으로 숨어 들어가 세상에 나오지 않았다. 이러한 사회 풍조를 율곡은 〈만언봉사〉에서도 통렬하게 지적하였다.

그리고 이때부터 유생들은 조정에 아무리 훌륭한 대신이 있고, 뛰어난 정책이 있어도, 군주가 바뀌지 않으면 조선 초기 개국이념이었던 성리학 사회의 이상이 결코 실현될 수 없다는 것을 깨닫게 된다. 따라서 격군심하여 군주를 패도가 아닌 왕도를 실천하는 성군으로 만들어야 한다는 인식이 뜻있는 선비들 가슴속에 조금씩 자리 잡기 시작했다.

율곡 역시 그러한 인식의 바탕 위에 격군심의 정수에 해당하는 책을 준비했던 것이다. 1573년부터 각종 경전과 사료들을 읽고 널리 책에 쓰일 자료를 수집해왔다. 일련의 사건들을 겪으면서《성학집요》의 필요성을 재차 확인하고, 완성을 서둘러 1575년 9월에 선조에게 바치게 된 것이다.

《성학집요》를 받아든 임금의 소회는《조선왕조실록》(선조 8년 9월 27일자)에 간단히 나온다.

이이가《성학집요》를 올리니 치도(治道, 나라를 다스리는 도리)에 도움이 될 것이라 하여, 심히 아름답게 여겼다. 이이의 의중은 임금의 뜻을 바로잡는 데 있으니, 경전과 역사책에서 학문과 정사에 도움이 되는 말을 초록하여 분류하고 순서를 정하였다. 수기, 치인으로 순서를 정했으니, 크게 다섯 편으로 완성하였다.

임금에게 올리니 다음 날 임금이 경연에서 이이에게 일렀다.

"이 책이 매우 적절하고 요긴하니, 부제학(율곡을 가리킴)의 말이 아니라 성현의 말씀이로다. 나라를 다스리는 데 도움이 되겠으나 다만 나는 영민하지 못한 왕인지라, 능히 행하지 못할까 두렵다."

이에 이이는 엎드려 말했다.

"왕께서 이런 말씀을 하시니 신은 매우 민망하게 여깁니다. 전

하께서는 자질이 탁월하시니 성학을 하지 않는 것이지 능력이
없는 것이 아닙니다. 바라건대 물러나지 마시고 독실한 마음으
로 스스로 분발하시어 윤덕(允德)을 이루십시오.

옛날 송(宋) 신종(神宗)이 이것은 요순의 일인데 짐이 어떻게 감
당할 수 있겠는가 하니 신하인 명도(明道)가 근심스러운 얼굴로
폐하의 말씀은 종사와 생민의 복이 아니라고 하였는데 지금 전
하의 말씀이 이것과 가깝지 않습니까?"

율곡은 포기하지 않고 선조를 성왕으로 만들기 위해 노력했다.
《성학집요》를 올린 것으로 끝난 것이 아니라 그전에도 그 후에도
선조를 올바른 길로 인도하기 위해 각종 경연을 통해서 노력을 아
끼지 않았다.

율곡은 이렇게 왕을 올바른 길로 인도하려던 신하였다. 온 마음
과 정성을 다하여 선조의 마음과 조선의 운명을 바꾸려고 노력했
다. 하지만 선조는 자인했듯이 현명하지 못한 왕인지라 율곡이 내
세우는 정책을 한 귀로 듣고 한 귀로 흘리는 경우가 대부분이었다.
《선조수정실록》(선조 8년 9월 1일자)에는 이런 내용도 있다.

연이어 차자(箚子, 신하가 임금에게 올리던 간단한 형식의 상소)를
올려 학문과 정치하는 방법을 지극히 논하였고, 끝에 다시 기질
을 변화시키는 것의 공효와 성심으로 어진 사람을 쓰는 실상을
명백히 분별하여 논하였고, 임금의 과실을 지적하여 진술했는

데, 매우 적절하고 간곡하여 수천 마디나 되었다.

이이는 임금을 도우려는 뜻이 간절하여 여러 차례 물러갔다가 다시 나왔으나 자신의 말이 쓰이지 않자, 스스로 나라에는 공이 없고, 학문에는 해로움만 있을 뿐이라고 생각하였다.

율곡은 왕을 가르치는 임금의 스승이 되려고 노력했고, 실제로 그런 역할을 맡았으나 끝내 격군심에 실패한 것은 결국 조선이 낳은 가장 위대한 사상가 중 한 사람인 율곡의 정치적 실패로 이어졌다. 그리고 이것은 조선 사회가 안고 있던 구조적 모순과 병폐가 무엇이었는지를 단적으로 보여준다.

---

1 유희춘(柳希春, 1513~1577년): 김안국의 문인으로 선조 때 이조참판을 지냈다.

2 노수신(盧守愼, 1515~1590년): 조선 중기 문신으로 1543년 식년 문과에 장원급제하고, 선조 때 영의정을 지냈다.

3 삼강령팔조목(三綱領八條目): 삼강령은 명명덕(明明德), 신민(新民, 혹은 친민親民), 지어지선(止於至善)이며 팔조목은 평천하(平天下), 치국(治國), 제가(齊家), 수신(修身), 정심(正心), 성의(誠意), 치지(致知), 격물(格物)이다.

4 《성학집요》: 이 책은 〈통설〉, 〈수기〉, 〈정가(正家)〉, 〈위정(爲政)〉, 〈성현도통(聖賢道統)〉 순으로 구성되어 있다. 〈통설〉편에는 《대학》의 삼강령과 중용에 대해서 다루었다. 〈수기〉는 《대학》의 삼강령 중에서는 명명덕, 팔조목에서는 격물치지, 성의정심, 수신에 해당하는 부분이다. 〈정가〉와 〈위정〉편은 《대학》의 삼강령 중 신민, 팔조목에서는 제가, 치국평천하에 해당하는 부분이다. 〈수기〉, 〈정가〉, 〈위정〉편 각각 끝 부분에는 삼강령의 지어지선을 다루

었다. 《성학집요》의 마지막 편인 〈성현도통〉은 성리학을 일궈온 성현들의 계보를 다루었다.

5   을사사화(乙巳士禍, 1545년): 조선 명종 즉위년에 일어난 사화. 인종이 죽자 새로 즉위한 명종의 외숙인 소윤(小尹)의 거두 윤원형이 인종의 외숙인 대윤(大尹)의 거두 윤임 일파를 몰아내는 과정에서 대윤파에 가담했던 사림이 크게 화를 입었다.

평생의 공부,
자신과의 약속을 지키다

이 책의 마지막을 갈음하여 율곡이 해온 평생의 공부를 정리해보자. 유명한 사림파 거두들인 퇴계 이황, 화담 서경덕, 남명 조식의 세대가 훈구척신과 사림의 대결로 인한 사화로 산림에 은거하며 학문을 하는 것이 주류인 시대였다면 율곡의 세대는 사림 세력이 급성장하여 본격적으로 중앙 무대에서 활동하던 시대였다.

퇴계의 시대가 순수한 학문적 발전을 추구하는 때였다면 율곡의 시대는 그 학문을 현실에서 적용하는 시기였다. 그러한 시대적인 분위기가 율곡을 낳았다고 할 수 있다.

그렇기에 개인 수양을 더 강조한 퇴계와 달리, 율곡은 현실에서의 실천을 더욱 강조했다. 그런 점에서 율곡의 공부는 매우 현실적이고 실천적이었으며, 이전의 선배 유생들과 달리 세상에 나가서 즉 출세하여 자신의 뜻을 펼치는 것에 대해서 거부감이 덜했다. 또한 그것은 본질적으로 정치학의 일종인 유학 공부의 자연스러운 귀결이었다고 볼 수 있다.

그러한 시대를 맞아 율곡은 그저 그런 관료가 아닌 미래를 내다보는 혜안, 수백 년이 흘러도 회자되는 탁월한 식견과 철학을 보여주었고, 이는 남다른 율곡의 평생 공부와 실천에서 나온 것이다.

그럼 여기서 율곡의 평생 공부 과정을 요약하여 살펴보자. 타고난 성현의 자질과 훌륭한 어머니를 만난 상승 작용으로 많은 책을 읽었고, 13세에 장원급제를 했다. 어렸을 적부터 명성이 높아 세상의 주목을 받았지만, 어머니가 일찍 돌아가시고, 불안한 가정 환경을 맞아 한때 깊은 방황을 한다. 이단으로 취급되던 노장사상과 불교에 빠져 세월을 보냈지만 20세에 다시 마음을 가다듬고, 가족들을 위해서라도 출세하기로 마음먹는다.

〈자경문〉을 써서 입지를 분명히 하고, 이단에 빠져 산천을 유람하던 버릇을 혁구습하고, 교기질을 위해 구용과 구사의 태도로 수신하며 절박하게 공부했다. 그 결과 한성시에 장원급제했고, 경계를 뛰어넘으며 속독과 숙독을 반복하는 방대하고 깊이 있는 독서의 힘으로 다시 별시에서 천도책으로 장원급제하는 기쁨을 누린다.

한때 부친이 돌아가시면서 3년 세월을 다시 여막에서 보내야 했지만, 친구 성혼, 스승 퇴계와 문답을 주고받으며 공부를 더욱 완숙시키고 29세에 드디어 사마시와 대과인 명경과에 연이어 장원급제하며 구도장원공의 명성을 얻고 화려한 출사를 하게 된다. 출사한 이후부터는 이조, 호조, 병조, 사헌부, 홍문관, 지방 목사, 관찰사 등 할 수 있는 모든 관직을 두루 거치며 조선을 경영하는 데 일신을 바쳤으니 조선 팔도에 모르는 이가 없었고, 심지어 중원에까지 그 명성을 떨쳤다.

그렇다면 무엇이 율곡을 이런 인물로 만든 것인가? 돌이켜 곱씹어보면, 이런 율곡을 만든 '장원급제 공부법'의 가장 깊은 뿌리는 인간 본성에 대한 믿음이었다. 인간의 본성이 지선하고 모든 이치를 꿰뚫는다는 허령통철에 대한 믿음이 그것이다.

흔들리지 않는 그 강한 믿음은 마치 피라미드를 쌓아올리기 위한 초기의 굳건하고 넓은 토대, 반석과 같은 느낌을 준다. 자포자기하지 않을 수 있는 믿음이 있었기에 마천루처럼 높은 목표를 세울 수 있었던 것이다. 인간에 대한 믿음이 있었기 때문에 나쁜 기질도 태도와 습관을 바꾸는 노력을 통해서 좋은 기질로 바꿀 수 있다고 생각했다.

뇌과학에서 이야기하는 것처럼 인간이 같은 행동을 지속 반복하면 뇌에 그 일을 계속할 수 있는 길이 생긴다. 타고나지 않은 새로운 생물학적 변화가 일어난다는 것이다. 마치 수풀과 잡목으로 가득한 산도 사람이 꾸준히 다니면 길이 생기는 것과 같은 이치다. 율곡은 수백 년 전에 이미 그 원리를 알고 교기질을 자신이 공부로 성과를 내고, 평생 학문을 지속할 수 있는 골간으로 삼은 것이다. 그런 교기질이라는 뼈대 위에 학문을 해나가면서 여타 구체적인 공부법들이 살이 되어 붙을 수 있었다.

율곡의 평생 공부를 지탱하는 뿌리가 인간 본성에 대한 믿음이었다면 그 믿음이 발현된 가장 대표적인 모습이 지행합일이었다. 율곡은 본시 온몸으로, 오감으로 세상과 접하며 공부하고, 또 그렇게 공부한 것을 몸소 행동으로 실천해나가는 실천가였다. 율곡은 관념적인 공부를 지양하고 실질적인 공부를 좋아했으니, 사물에 응하여 이치를 살피는 소위 격물치지하는 공부를 좋아했다.《기암잡록》에 한 유학자가 율곡과 함께했던 일에 대해서 회상한 이야기가 나온다.

어린 시절 율곡을 따라서 산에 놀러 갔다. 숲 속을 지나다 바위 틈에서 물이 나오는 조그만 샘을 발견하여, 함께 놀러 간 친구들끼리 모여서 그 물을 마셨다. 율곡도 떠달라 하더니 물을 마셔보고는 말하였다.
"물맛이 아주 좋다. 대개 물은 맑은 게 좋다. 맑으면 근량(斤量, 저울로 단 무게)이 크고, 탁하면 진흙이나 모래가 섞여 있더라도 맑은 물보다 근량이 적은 법이다."
동행한 사람들이 시험해보니 과연 근량이 다른 물보다 갑절이나 무거웠다. 이 모습을 보고, 실로 학식이 높고 이치에 밝은 사람은 모든 사물에 대하여 통하지 않음이 없음을 알았다.

주자학을 집대성한 주희는 초기에 아는 것이 먼저요, 행하는 것은 나중이라는 선지후행(先知後行)을 주장했고, 나중에는 아는 것과 행하는 것을 함께해야 한다는 지행병진(知行竝進)을 말하였다. 명나라 양명학의 창시자 왕양명은 아는 것과 행하는 것은 본래 분리될 수 없는 하나라는 실천적인 관점의 지행합일을 주장했다.

율곡은 이 세 가지 중 지행합일에 가장 가까운 사람이었다. 끊임없이 공부하고 현실에서 검증하고 실천하는 사람이었고 그렇기에 남들이 갖지 못한 미래를 내다보는 통찰력을 가질 수 있었다.

그런 율곡이었기에, 자신에게 주어진 현실을 맞아 조선을 중쇠기라 간파하고, 선조를 바꿔 나라를 경장하고, 백성을 교화하기 위해서 비록 중도에 실망스러운 점이 있어도 포기하지 않고 끊임없이 시도하고, 공부하고 또 실천하였다. 그러한 그의 노력은 죽는 날까지 계속되었다.

역사에 가정은 없다지만 탁월한 이론가면서 실천가였던 율곡이 조금만 더 나은 왕을 만났더라면 이후에 겪을 국가적 환란을 훨씬 더 경감시킬 수 있었을 것이다.

관직에 있고 실무적인 일을 하면서도 공부를 놓지 않는 것은 결코 쉬운 일이 아니다. 율곡은 다른 대신들과 달리 관직에 있는 동안에도 업무에 바빠 책을 읽지 못하면 스스로 견디기 힘들어했다. 《선조수정실록》(선조 9년 2월 1일자)을 보면 이런 일화가 나온다.

1576년 선조 9년, 율곡이 41세 때 사직하려 하자 박순이 간곡하게 만류하니 율곡이 탄식하였다.

"한양에 머물면서 일 년 동안 한 권의 책도 읽지 못하였습니다.

이처럼 시간을 빼앗기니 평생의 일을 그르칠까 염려됩니다."

"그대는 이미 독서한 게 많은데도 물러가서 다시 독서하려 하니, 나처럼 원래 독서하지 않은 사람은 어찌해야 하겠는가?"

여기서 '평생의 일'이란 성현의 길로 가는 평생 공부를 말한다. 율곡의 평생 공부는 크게 두 가지 축이 있으니, 첫째는 말 그대로 평생 동안 공부하는 것이고, 둘째는 자신이 공부한 것을 삶에서 실천하는 것이다. 이 태도는 〈자경문〉을 통해 젊은 날 스스로에게 한 약속이기도 했다. 율곡의 다른 모든 학문적 성과를 차치하더라도 약관의 나이에 자신과 한 평생 공부에 대한 다짐을 세상을 떠나는 날까지 지켜 나갔다는 것만으로도 현시대 학인들에게 본보기가 될 만하다.

이 책의 마지막을 맞아 처음에 언급했던 〈자경문〉의 마지막 항을 다시 한 번 되새겨보자.

"공부에 노력할 때는 느리지도 급하지도 않게 하라. 공부는 죽은 후에나 끝나는 것이니 급하게 그 효과를 구하지 말라. 이것 역시 이익을 구하는 마음이다. 만약 이와 같지 아니하면 부모에게 물려받은 신체를 욕되게 함이니 사람의 도리를 다하는 게 아니다."

율곡의 공부법과 평생 공부에 대한 이야기는 끝이 났지만, 에필로 그를 통해 율곡의 죽음을 전후한 미처 못다 한 이야기를 해볼까 한다. 율곡의 마지막 떠나가는 모습이 우리가 앞으로 살아가는 데 어떤 메시지를 전해주는지 같이 한번 느껴보았으면 한다.

《선조실록》에는 율곡의 죽음에 대해서 "이조판서 이이가 죽었다"고 간략하게 적혀 있다. 율곡이 죽기 전날 부인은 꿈에서 검은 용이 침실에서 나와 하늘로 올라가는 것을 보았다고 한다.

1584년(선조 17년) 정월 16일, 한양 대사동에서 율곡은 마지막 날까지 나랏일을 걱정하다가 세상을 떠났다. 율곡이 세상을 떠나자 임금을 비롯한 벗들의 애도가 이어졌는데, 다음은 《율곡전서》〈연보〉에 실린 내용이다.

율곡의 부음이 들리자 임금이 애통해하여 그 곡소리가 외부까지 들렸다. 하교하기를 "어진 재상이 서거하니 내 마음이 지극히 아프다"하고 조회(朝會)를 사흘 동안 멈추었다. 사제(賜祭, 임금이 죽은 신하를 제사 지내주던 일)와 치부(致賻, 신하에게 부의를 내려주던 일)를 후하게 내리고, 길에서는 처자와 노비를 안전하게 호송하였다. 멀고 가까운 유생들이 슬피 울부짖으니 친척상을 당한 것같이 하였다.

아래로는 천민 노비, 군민과 향촌의 서민까지 비통해하며 눈물을 흘렸다. 슬피 부르짖으며 서로 조상하기를 "백성들이 복이 없다"하였다.

태학생(太學生, 성균관에 기거하며 공부하던 유생) 및 삼의사(三醫司, 내의원·전의감·혜민서)의 생도와 각사(各司)의 벼슬아치들에 이르기까지 모두 애도하였고, 혹은 산과 골짜기에 모여 애도하기도 했다.

발인하던 날에는 율곡을 떠나보내는 사람들이 길거리를 가득메웠으니 그 곡소리가 하늘에 진동하였다.

벗들의 애도도 이어졌다. 다음은 송강 정철이 쓴 제문(祭文)이다.

나같이 보잘것없는 사람에게 무슨 상대할 만한 것이 있었기에 공은 유독 내게 30년 동안 관대하였던가? 나의 성급하고 편협함으로 말미암아 공에게 고민을 안겨주고 격발(激發)하고 절교

할 만한 경우가 어찌 한이 있었겠는가? 공은 끝내 옛 정의를 잃지 않았고, 마지막에는 다시 의견이 일치되어 같이 어울렸으니 공은 실로 어질었다.

슬프다. 내가 공을 잃은 뒤로부터 정신을 잃어 인간 세상에 다시 뜻이 없어지고, 마치 짝 잃은 외로운 새가 제 몸과 그림자를 서로 불쌍히 여기는 듯하다.

다음은 성혼의 제문이다.

형과 내가 나눈 정은 형제와 같았고, 의리는 사우(師友)처럼 중하였다. 약관에 서로 사귀어 지금껏 30년이 되었는데 형은 건강하여 세상을 다스리는 중책을 맡고, 나는 병을 지녀 죽음과 이웃하여 지냈다. 그런데 오늘날 형이 먼저 죽고 내가 살아서 나로 하여금 목이 쉬도록 오래 부르짖고, 하늘에 외치며 통곡하게 할 줄 누가 알았겠는가?

슬프도다. 나는 지금 세상을 떠날 계획이 더욱 결정되었으니, 사직하고 집에 누워 형이 돌아가는 길을 전송하지 못하고, 목을 빼어 바라보며 슬피 울부짖으니 창자가 조각조각 찢어졌소.

율곡이 세상을 떠나던 순간을 그려보면 이런 것이었다. 향년 49세, 율곡이 숨을 거둔 것은 한양의 대사동이었는데, 이미 연초부터 몸이 쇠약해져 병으로 몸져누웠다고 한다. 그런데 1584년(선조 17년) 정월

14일, 죽기 이틀 전 서익(徐益)이 순무(巡撫, 여러 곳을 돌아다니며 백성을 돌보는 것)어사로 발령받아 북도를 안찰(按察, 자세히 조사하고 살피는 일)하러 간다는 말을 듣고, 불러서 북방에 대한 방략을 알려주려 하였다. 이에 제자들은 병환을 염려하여 만류하였다.

그러나 율곡은 "이는 국가의 대사니, 내 어찌 신병을 염려하여 이 중요한 시기를 놓치겠는가?" 하며, 부축을 받고 앉아서 입으로 불러주며 아우 우(瑀)를 시켜 기록하게 하였다.

주된 내용은 임금의 인덕을 선양(宣揚, 베풀어 널리 알림)할 것, 임금의 위엄을 널리 신장할 것, 북방 오랑캐를 다스리는 방법에 대한 것, 사신들의 비용을 줄여 백성들의 경제적 어려움을 덜어줄 것, 장수들의 무예와 재략을 하나하나 상세히 통찰하여 후일을 대비할 것 등으로 마지막까지 임금과 백성을 걱정하고 국방을 강화하여 나라를 평화롭고 온전하게 하려는 마음이었다.

남은 생명을 다 짜내어 〈육조방략〉을 모두 읊고 나자 숨이 곧 끊어지려 하더니 병이 점점 위급해졌다. 이후 16일에 세상을 떠날 때까지 숨이 끊어질 듯하면서, 꿈을 꾸는 것처럼 순순히 정성스럽게 타이르듯 말을 하였는데 하나같이 국사(國事)에 관한 것이었다.

정철이 와서 문병하자 그의 손을 꽉 잡고 사람을 등용할 때 치우치지 말라고 부탁하였다. 새벽에 부축을 받고 일어나서 머리를 동쪽으로 향하도록 눕는 자리를 바꾸라고 한 다음, 의복과 두건을 단정히 하고, 조용히 서거하였다.

율곡이 일생 얼마나 청렴하게 살았는지 죽고 난 후 당장 제사 지낼 돈이 없어 다른 이의 수의까지 빌려와야만 했다. 그 후에는 처자들이 집이 없어 여기저기 옮겨다녀야만 했다. 추위와 굶주림을 벗어날 길이 없자, 친구들과 주위 유생들이 쌀과 포목을 내어 율곡의 가족들을 위해 집 한 칸을 마련해주었다.

1592년(선조 25년), 임진년에 왜란이 일어나자 율곡의 부인은 자식과 조카들에게 "큰 도적이 온 나라에 찰 것이니 반드시 살아날 곳이 없을 것이고, 타향에서 떠돌다 죽느니 차라리 파산(破山, 오늘날 경기도 파주)에서 죽는 게 나을 것이다. 너희는 나를 염려치 말고 뒷날 내 뼈를 수습하여 선생 무덤 옆에 묻어다오" 하였다.

자식과 조카들이 여러 차례 만류하였으나 "내가 하늘같이 섬기던 어른을 잃어버린 지가 벌써 8년이나 되었으니 내 목숨이 또한 모질지 않느냐. 하물며 큰 난리를 만나 구차하게 죽지 않고 살아가는 것이 무슨 의미가 있겠느냐" 하였다.

어가가 서쪽으로 이동한다는 말을 듣더니 끝내 신주를 모시고 파산으로 돌아왔다. 과연 왜적이 가까이 이르자 부인은 왜적을 크게 꾸짖고 마침내 선생 무덤 곁에서 죽음을 맞았다. 선조는 파산에서 일어난 일을 전해 듣고 가상히 여겨 정려문(旌閭門)을 세우게 하였다.

돌이켜보면 정치가로서의 이이에 대한 평가는 나뉠 수 있을 것이다. 끝내 격군심에 실패했기에 어쩌면 정치가로서는 실패했다고 말할 수도 있다. 하지만 율곡의 삶 자체가 실패한 것은 아니다.

율곡은 뛰어난 자질과 곧은 태도로 평생을 학생의 자세로 공부하였으며, 자신이 배운 바대로 실천하며 왕과 백성을 교화시키려고 노력했다. 죽는 날까지 국가의 안위를 위하여 자신의 일신을 돌보지 않았다. 율곡의 생애를 돌이켜보면, 《성학집요》를 비롯한 훌륭한 저작물을 많이 남겼지만 율곡의 가장 큰 유산은, 그래서 후세대가 가장 크게 배워야 할 것은 율곡의 삶 자체라고 할 수 있다.

율곡이 마지막으로 세상을 떠나가면서까지 하고 싶었던 말은 임금의 마음을 성군의 마음으로 바꾸고 백성의 팍팍한 삶을 조금이라도 나아지게 하려는 것이었다. 우리는 지금 어떤 꿈을 가지고 어떤 마음으로 공부하고 있을까? 율곡의 공부 방법이나 학인으로서의 자세는 물론이고, 진취적이면서도 정갈한 삶의 아취는 수백 년이 지난 지금도 우리의 마음을 울리고 적지 않은 교훈을 주고 있다.

율곡 선생 연보

1536년(중종 31년) 1세

강릉부 북평촌 외가에서 부모 이원수 공, 신사임당의 아들로 출생하다. 초명은 현룡이라 하였다. 이때 이원수 공은 36세, 사임당은 33세였다.

1538년(중종 33년) 3세

말을 배우면서 글도 읽기 시작하다.

1540년(중종 35년) 5세

신사임당이 병환으로 위독하자, 몰래 외조부 사당 앞에 가서 기도하다. 가족들이 경탄하며 집으로 데리고 오다.

1541년(중종 36년) 6세

강릉에서 신사임당과 함께 한양의 친가로 오다. 그때 한양의 집은 수진방으로 오늘날 청진동에 해당한다.

1542년(중종 37년) 7세

신사임당으로부터 글을 배우다. 사서삼경을 익혀 사서에 능통하게 되고, 〈진복창전〉을 지어 주위를 놀라게 하다.

1543년(중종 38년) 8세

오늘날 파주 율곡리에 있는 화석정에 올라가 시를 짓다. 이때 아우 우(瑀)가 태어나다.

1544년(중종 39년) 9세

《이륜행실도》를 읽고, 형제들이 부모를 봉양하며 함께 사는 그림을 그리다.

1545년(명종 즉위년) 10세

경포대에 관한 부(賦)를 짓다.

1546년(명종 1년) 11세

아버지 이원수 공이 병이 나자 자신의 팔을 찔러 피를 내어 입에 넣어드리고 사당에서 기도하다. 그날 밤 이원수 공의 꿈에 한 노인이 나타나 조선의 대학자가 될 것이니 아이 이름을 '이(珥)'로 바꾸라 한다. 그때부터 이름이 바뀌고, 부친의 병도 깨끗이 낫는다.

1548년(명종 3년) 13세

진사 초시에 장원으로 합격하다. 어린 나이에 장원급제하고도 겸손하고 평상시와 다를 바가 없어 사람들이 큰 인물이 될 것이라고 기대하였고, 명성이 자자하였다.

1551년(명종 6년) 16세

5월, 어머니 신사임당이 별세하다. 파주 두문리에 장사를 지내고, 어머니의 행장을 짓다.

1554년(명종 9년) 19세

우계 성혼과 도의로 교분을 맺다. 3월, 금강산에 들어가 불교를 공부하다.

1555년(명종 10년) 20세

금강산에서 하산하여 외조모 이씨가 있는 강릉 외가로 돌아가다. 〈자경문〉을 지어 본격적으로 유학을 공부하는 출발점으로 삼다.

1556년(명종 11년) 21세

봄, 한양의 집으로 돌아오다. 책문으로 시험을 보고 한성시에 장원급제하다.

1557년(명종 12년) 22세

9월, 성주목사 노경린의 딸과 혼인하다. 노경린 공은 성품이 엄격하였으나 사위 율곡에게만큼은 벗처럼 친근하게 대했다.

1558년(명종 13년) 23세

봄, 경상북도 예안에 있는 도산으로 가 퇴계 선생을 뵙다.
겨울, 별시에 응시하여 천도책으로 장원급제하다. 돌아오는 길에 선산(善山)에 들러 고산 황기로를 만나다. 후에 아우 우가 고산의 딸과 결혼하게 된다.

1561년(명종 16년) 26세

5월, 아버지 이원수 공이 별세하여 어머니 무덤에 합장하다.

1564년(명종 19년) 29세

봄, 성혼의 아버지 청송 성수침 선생이 별세하여 행장을 짓다.
7월, 생원진사시에 장원급제하다.
8월, 대과 명경과에 장원급제하여 호조좌랑에 임명되다. 이때부터 '구도장원공'이라 불리게 된다.

1565년(명종 20년) 30세

봄, 예조좌랑으로 옮기다.

11월, 사간원 정언에 임명되어 사퇴를 상소하였으나 허락받지 못하다.

1566년(명종 21년) 31세
3월, 다시 정언이 되다.
5월, 동료들과 시무삼사에 관하여 상소를 하다.
겨울, 이조좌랑이 되어 관가의 잘못된 행습을 바로잡다.

1567년(명종 22년) 32세
고봉 기대승과《대학》에 대해 문답하다.

1568년(선조 1년) 33세
2월, 사헌부 지평이 되다.
4월, 장인 노경린이 별세하다. 퇴계 선생에게 편지를 보내 다시 관직에 나와 달라 요청하다.
11월, 이조좌랑에 재임명되자 강릉 외조모 이씨의 병환을 이유로 강릉으로 돌아가다.

1569년(선조 2년) 34세
6월, 홍문관 교리에 임명되다.
7월, 한양으로 올라오다.
9월,《동호문답》을 지어 올리다.
10월, 임금으로부터 휴가를 얻어 강릉 외조모를 돌보러 가다. 외조모 이씨가 90세로 별세하다.

1570년 (선조 3년) 35세
4월, 홍문관 교리에 재임명되어 한양으로 돌아오다.
8월, 맏형이 별세하다.

10월, 병으로 벼슬을 사면하고 처가인 해주 야두촌으로 돌아가다.

12월, 퇴계 선생의 부음을 듣고 신위를 만들어 곡을 하다.

1571년(선조 4년) 36세

정월, 파주 율곡리로 돌아가다.

6월, 청주목사에 임명되다. 향약을 실시하다.

1572년(선조 5년) 37세

3월, 병으로 청주목사직을 사직하다.

성혼과 이기론, 인심도심설 등을 논하다.

1573년(선조 6년) 38세

7월, 홍문관 직제학에 임명되다.

9월, 승정원 동부승지 등으로 승진하다.

1574년(선조 7년) 39세

1월, 우부승지에 임명되다. 〈만언봉사〉를 올리다.

3월, 사간원 대사간에 오르다.

10월, 황해감사에 임명되다.

1575년(선조 8년) 40세

3월, 병으로 물러나 율곡리로 돌아가다. 홍문관 부제학 등에 재임명되어 관직에 나아가다.

9월, 《성학집요》를 제진(製進)하다.

1576년(선조 9년) 41세

대사간, 이조참의, 전라감사에 임명되었으나 사양하다.

10월, 해주 석담으로 돌아가다.

1577년 (선조 10년) 42세
해주 석담에서 가족들끼리 모여 살기로 결심하고 큰형수 곽씨로 하여금 신주를 모시고 제사를 지내게 하다. 〈동거계사〉를 짓다.
12월,《격몽요결》을 짓고, 여씨향약을 참조한 향약으로 고을에 행해지는 잘못된 인습을 개혁하고, 사창 제도를 실시하여 백성을 구제해서 칭송이 자자해지다.

1578년(선조 11년) 43세
은병정사를 짓다.
3월, 대사간에 임명되다.
4월, 병으로 물러나 율곡리로 돌아가다.
5월, 대사간에 임명되나 사양하다.
10월, 해주 석담으로 가다.

1579년(선조 12년) 44세
《소학집주》를 완성하다.
5월, 대사간에 임명되다.

1580년(선조 13년) 45세
5월,《기자실기(箕子實記)》를 편찬하다.
12월, 대사간에 임명되어 한양에 다시 오다. 정암 조광조의 묘지명을 짓다.

1581년(선조 14년) 46세
봄, 병으로 세 번 관직을 사양하나 허락되지 않다.
10월, 호조판서가 되다.

11월, 《경연일기》를 완성하다.

1582년(선조 15년) 47세
정월, 이조판서에 임명되다. 왕의 지시로 《김시습전》, 《학교모범》 등을 짓다.
10월, 《극기복례설》을 짓다.
12월, 병조판서에 임명되다.

1583년(선조 16년) 48세
2월, 〈시무육조(時務六條)〉를 올리다. 세간의 이야기로는 〈시무육조〉를 올리
면서 십만양병설을 주창한 것으로 전해진다.
9월, 이조판서에 재임명되다.

1584년(선조 17년) 49세
정월, 병이 들어 위독해지다. 병중에도 북방으로 가는 서익에게 〈육조방략〉
을 지어주다.
정월 16일, 한양 대사동 집에서 별세하다.
3월, 파주 자운산에서 장사를 지내다.
인조 2년(1624년) 8월, '문성(文成)'이라는 시호를 받다.

■ 고전 자료
《대학》,《논어》,《맹자》,《중용》,《시경》,《서경》

■ 단행본 및 논문
EBS 학교란 무엇인가 제작팀,《학교란 무엇인가?》, 중앙북스, 2011년
Gwen Solomon·Lynne Schrum,《웹2.0과 교육》, 엄우용 등 3인 역, 아카데미프레스, 2009년
강희복, 〈퇴·율의 수양론에 관한 천견〉, 연세대학교
금장태,《조선전기의 유학사상》, 서울대학교출판부, 1997년
김경호, 〈학교모범에 나타난 율곡의 교육사상〉, 고려대학교 민족문화연구원
김병완,《선비들의 평생 공부법》, 이랑, 2013년
김영두,《퇴계 vs. 율곡 누가 진정한 정치가인가》, 위즈덤하우스, 2011년
김익수,《율곡선생의 교육철학》, 수덕문화사, 1997년
김태완,《율곡문답》, 역사비평사, 2008년
몽배원,《성리학의 개념들》, 홍원식 등 4인 역, 예문서원, 2008년
사단법인 율곡사상연구회,《율곡사상의 현대적 조명》, 학술연구논문집, 1988년
사단법인 율곡학회,《조선왕조실록에서 찾아본 율곡 이이》, 2000년
──────────《율곡사상과 현대사회》, 제1회 율곡사상 국제학술회의 자료(논문)집,1991년
송석구,《한국의 유불사상》, 사단법인 율곡사상연구회, 1985년
─── 《율곡의 철학사상연구》, 형설출판사, 1991년
─── 〈변화하는 세계에 대응하는 율곡철학의 논리〉, 동국대학교
신창호·전선숙, 〈율곡의 성학집요에 드러난 가(家)교육의 위상〉, 고려대학교
이광호 편,《퇴계와 율곡, 생각을 다투다》, 홍익출판사, 2013년
이수광,《공부에 미친 16인의 조선 선비들》, 해냄, 2012년

이은상,《보유 사임당과 율곡》, 성문각, 1994년
이이,《국역 율곡전서》(1권~7권), 한국정신문화연구원, 1996년
—— 《성학집요》, 김태완 역, 청어람미디어, 2007년
—— 《성학집요/격몽요결》, 고산 역해, 동서문화사, 2008년
—— 《답성호원》, 임헌규 역, 책세상, 2013년
이철승, 〈율곡과 선산 철학에 나타난 앎의 구조와 의미〉, 성균관대학교 동아시아
학술원
임해리,《사임당》, 인문서원, 2015년
정구선,《조선의 출셋길, 장원급제》, 팬덤북스, 2010년
조 디스펜자,《꿈을 이룬 사람들의 뇌》, 김재일·윤혜영 역, 한언출판사, 2009년
최영성,《한국유학사상사 2》, 아세아문화사, 1995년
한국교육개발원 미래교육기획위원회 편,《한국교육 미래비전》, 학지사, 2011년
한국사상연구회,《조선유학의 개념들》, 예문서원, 2002년
한정주,《율곡, 사람의 길을 말하다》, 위즈덤하우스, 2008년
황의동,《율곡 이이》, 살림출판사, 2007년
황준연,《이율곡, 그 삶의 모습》, 서울대학교출판부, 2000년

■ 인터넷 사이트
국사편찬위원회, 조선왕조실록DB　http://sillok.history.go.kr/main/main.jsp
사단법인 율곡연구원　http://www.yulgok.or.kr/smain.html

율곡의 공부

초판 인쇄 2015년 12월 14일
초판 발행 2015년 12월 24일

지은이 송석구 김장경

펴낸이 염현숙
편집인 김성수

기획·책임편집 김성수 **디자인** 신선아 **교정** 박윤희
마케팅 방미연 이지현 함유지 **홍보** 김희숙 김상만 한수진 이천희
제작 강신은 김동욱 임현식

펴낸곳 (주)문학동네
출판등록 1993년 10월 22일 제406-2003-000045호
임프린트 **아템포**

주소 10881 경기도 파주시 회동길 210
문의전화 031-955-1930(편집) 031-955-2655(마케팅)
팩스 031-955-8855
전자우편 kss7507@munhak.com

ISBN 978-89-546-3887-6 03150

www.munhak.com